大学　入試

# 英作文が1冊で
# しっかり書ける本
## ［和文英訳編］

『スタディサプリ』
英語講師

## 関 正生　　桑原雅弘

What is important is...

かんき出版

# はじめに

本書は、本格的に大学入試の英作文対策を始めようとしている受験生が、難関大学（旧帝大以外の一般国公立大・GMARCHなどの私大）の英作文で合格点を取れるようになることを目指し、特に以下の受験生が効果的に力をつけていくことを想定しています。

① 英文法自体にまだまだ不安があるものの、英作文対策を始めなければいけない受験生
② 長文対策がまだ完成していないので、英作文には時間を割けない受験生
③ 志望校の過去問を見たときに、まったく手が出ずに途方に暮れた受験生

### ①に該当する受験生の対策

「英文法は完璧」と答えられる受験生は、現実的には少ないでしょう。そこで本書では、文法の要点を「確認する」だけでなく、「その本質・理屈をしっかり解説」したうえで、英作文へつなげていきます。文法を真に理解することと、英作文対策を同時に行っていきます。

### ②に該当する受験生の対策

英作文に十分な時間を割ける受験生はいないでしょう。本書では基本の確認から入り、解説を磨き上げ、表現そのものの解説・考え方・どんな場面で役立つかまで示し、さらには入試問題をたくさん取り入れることで、1冊で効率良く（遠まわりせず）英作文の対策をしていきま

す。英作文は難しいですが、短期間で得点力が伸びやすい単元でもあるのです。

長文の完成には数か月を要しますが、英作文の合格レベルまでには、"うまくやれば"そこまで時間を要しません。その"うまくやる"方法を本書に詰め込みました。

### ③に該当する受験生の対策

英作文の問題には必ず得点すべきポイントがあります。そこを的確に見抜き、出題者が要求している英語を書くことで、得点がもらえるのです。どんなスポーツでも芸事でも、アマチュア競技や昇段審査では、審査員が求めるポイントがあり、そこを確実にクリアしていくことで得点を重ねていくことがありますよね。英作文も同じです。本書では、出題者が求めるポイントを具体的に示していきます。

最初はどこがポイントなのか、まったくわからなかった入試問題も、本書を終える頃には、「ここを正しい英語に変えればポイントが大きいのね」と判断できるようになっているはずです。

英作文対策を始めるみなさんの戦いはこれから始まりますが、必ずこの本が大きな力になると信じています。

関 正生
桑原 雅弘

# 本書の特長

● 1冊で英作文に必要な「文法・表現・発想」を解説

基礎レベルの英作文対策本は、どうしても「文法項目」だけが中心になりがちですが、それだけでは入試問題を解くことはできないのが現実です。本書では、基礎対策とはいえ、文法に加えて、「頻出表現」と「英作文の発想」まできちんと扱っています。

● 最新の入試を徹底分析！

最新の入試問題を分析し、合格点を取るための最短経路を示します。さらには、しっかりと文法・表現・発想の解説をしながらも、演習問題を充実させました。例題以外に、入試問題を80題以上採用しています。

※具体的には「東京学芸・大分・千葉・札幌・新潟・滋賀・鹿児島・大阪府立・成城・明治薬科・学習院・明治・青山学院・中央・関西学院・早稲田」などの大学入試問題を採用しました。

● 納得できる解説で丸暗記を排除！

あれやこれや表現を羅列するのではなく、本当に便利で応用の効く表現に絞り、かつ表現そのものの解説や成り立ち、どんな場面で使うのかなどにもできる限り触れました。ただ丸暗記するよりも、圧倒的に記憶に残りやすくなるはずです。

● 様々な場面で役立つ

本書には他の分野で役立つこともたくさん載せています。たとえば、「因果表現」（Lesson16-17）や「割合・数字」の表現（Lesson24-25）は長文読解でも役立ちます。他に、「賛成・反対」（Lesson15）、「影響・効果」（Lesson21）、「引用元」（Lesson31）、「役割」（Lesson32）を表す表現は語彙問題に加え、自由英作文やスピーキング、その他の資格試験でも重宝します。

# Part 0
# 英作文攻略で大事なこと

## ▶ 全体像と本書の構成

　英作文の入試問題を見ると、どこからどう手をつけていいのかわからずに途方に暮れる受験生が大半でしょう。それくらい入試問題は難しいです。

　対策として、よく「まずは SV を見つける」とだけは言われます。もちろんそれは「英語的には」正しいのですが、結局「その次」にすべきことがわからないがゆえに、何を書くべきなのか困ってしまうわけですよね。

　入試の英作文で合格点を取るためには、「問題のポイントを見抜いて、それを踏まえたうえで英文に書き起こす」作業が求められます。以下で詳しく説明していきましょう。

### ❶問題のポイントを見抜く ※Part 1 で対策

　入試問題には「大きなポイント」があり、まずはそれを見抜くことが大切です。言い換えるなら、出題者が求めることを理解して、それに応える必要があるのです。

　英作文の問題は、言ってみればボクシングなどの競技に似ています。ボクシング（特にアマチュア競技として）では必ずしも相手を豪快に KO（ノックアウト）する必要はなく、ジャッジする人が有効だと判断するパンチをコツコツと当て、ポイントを積み重ねていくことで、判定で勝利できる設定になっています。

　ボクシングを知らない人であっても、他のスポーツやダンス、演奏会など、アマチュア競技で審査されるものであれば、同じ発想のものがたくさんあるはずです。また、カラオケの採点機能も、音を外さない・ビブラートを入れるなど、ポイント加算の発想は似たものかもしれません。

　こういったものと同様に、英作文でも、相手を豪快に倒す必要はないのです。最大のポイントでしっかり得点すること、そして地味なポイントを重ねていくことで、合格点に到達するのです。

　最初はどこがポイントなのか、まったくわからなかった入試問題も、本書を終えるときには、「ここを正しい英語に変えればポイントが大きいのね」と判断できるようになっているはずです。

　その重要ポイントを Part 1 で扱います。多くの対策本では、「思ったより〜」には 比較級

than I {had} expected を使う、「〜する人が多い」は many people で始めると説明されています。もちろんこういったポイントは重要で、本書でも扱いますが、日本語と英語を一対一対応でまとめると応用が効かないものです。

そこでこの本の工夫の１つとして、「想定外のこと」を語る、「世間の考え」を語る… のように、より大きな場面で捉えられるようにまとめてあります。入試問題に、より柔軟に対応できるようになるはずです。

## ❷ 正しい文法に従って英文を書く ※Part 2 で対策

ポイントを満たしたら、当然「英文」にしないといけません。その際に「英文法」の知識が必要となります。いくらポイントを満たしても、それが正しい文法に従った英文でなければ文として成立せず、減点されてしまいます。

とはいえ、どの単元も確認する時間などありませんし、非効率です。というのも、英作文で重視される単元は絞られていたり、文法では重視されないけれど、英作文では重視されるポイントがあったりするからです。

※私立大の問題では、いきなりこの❷がポイントになる（文法事項そのものがポイントになる）ことも多々あります。単に英文法の知識を英作文を通して問う問題といえます。

## ❸ あがき方も知っておく ※Part 3 で対策

しっかりと❶と❷で対策しておいても、ポイントが見抜けない・そもそもポイントらしいポイントがないなど、理由はそれぞれですが、「手が出ない」場合もあるでしょう。そのときに、部分点を取るという「あがき方」を知っておくことが大切です。

「英作文での頭の働かせ方」を知ることで、手も足も出ない状況から、何とか合格点をもぎ取れる状態を目指します。他の問題、特に知識問題であれば「知らなかったからまったく得点できなかった」ということが起きますが、英作文の場合、何があっても部分点をもぎ取ることができるのです。

また、（この本では対象としませんが）旧帝大などの難関国立大や慶應大の英作文では、最初から（上記の❶と❷は当然として）この発想が求められる「思考型」の英作文が中心となりつつあるので、そういった大学を目指す場合の基礎をしっかり築くことにもなります。

本書では、上記の３つのステップをそれぞれの Part で対策していきます。Part 1 で英作文の大きなポイントになる表現を習得、Part 2 では文を組み立てるのに必要な英文法を確認、Part 3 では英作文での発想法を習得し、英訳しにくい日本語を何とか表現できるようになることを目指します。

例題→解説を読んで理解→模範解答をしっかり定着させる

例題は単なる前振りではありません。入試で狙われるポイントをシンプルに問うものにしてあります。もちろん、最初はまったく手が出なくても気にしないで大丈夫です（だからこそ本書で勉強するわけですから）。

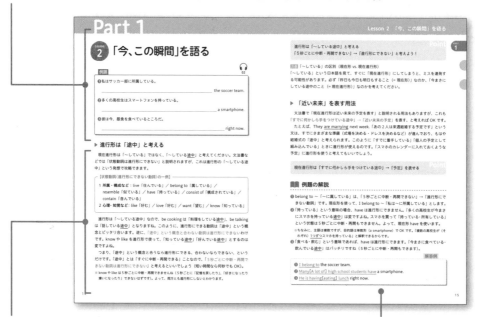

例題にトライして、解説を読むことで、入試英作文のポイントが染み込むようになっています。ただし、そこで終わりにしないで、例題の模範解答をしっかり読み込み、もう一度、例題をやってみてください。

驚くことに、たった今、解答と解説を読んだばかりなのに、書けないかもしれません。でもそれが普通なんです。逆に言えば、大半の受験生がこの「書き直し」をやらないので、英作文ができるようにならないのです。

模範解答は単なる「解答例の1つ」ではなく、受験生が（そしてこれから大学・ビジネスでも）英語を使っていくときの土台となる、磨き上げて、研ぎ澄ませた英文です。何度も読み込み、書き直して、しっかりと自分のものにしてください。

※本書の解答例では、「言い換え可能」な場合は [ ] を、「省略可能」な場合は { } を使っています。

---

### 音声ダウンロードについて

ヘッドフォンマークの番号は音声ファイル内のトラック番号です。以下の手順でダウンロードしてお使いください。

1 パソコンかスマートフォンで、上の QR コードを読み取るか、**https://audiobook.jp/exchange/kanki** にアクセスしてください。

2 表示されたページから、audiobook.jp への会員登録（無料）ページに進みます。すでにアカウントをお持ちの方はログインしてください。

3 会員登録後、1のページに再度アクセスし、シリアルコード入力欄に「30296」を入力して送信してください。もし、1のページがわからなくなってしまったら、一度 audiobook.jp のページを閉じ、再度手順1からやり直してください。

4 「ライブラリに追加」をクリックします。

5 スマートフォンの場合は「audiobook.jp」をインストールしてご利用ください。パソコンの場合は「ライブラリ」から音声ファイルをダウンロードしてご利用ください。

※音声ダウンロードについてのお問合せ先：info@febe.jp（受付時間：平日10時〜20時）

## 入試問題に挑戦

いくつかのレッスンが終わったら、区切りのいいところで演習問題を掲載しています。少し難しいと感じるかもしれませんが、これまでに学んだことを活かして挑戦してみてください。実際の入試問題を体感してもらうため、本書では形式統一のための修正などはありますが、日本文を修正することは一切しておりません。

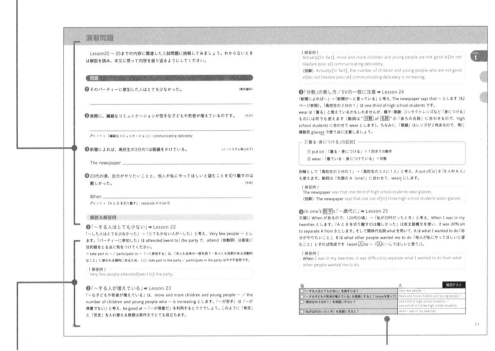

問題を解いたら、必ず解説を読んでください。注意すべき点や表現のバリエーションなどについても解説しているので、知識の定着やプラスアルファのインプットに役立ちます。

基本的な表現や頻出表現は、ミスなく確実に英語に変換できるよう、確認テストを使ってしっかりインプットしておきましょう。

## 添削について

英作文の対策といえば「添削」ですが、本書では必ずしも必要だとは考えていません。世間で行われる添削は「自分が書いた英文が合っているか」を確認してもらう作業に終始し、本当に大事な「使える表現の幅を広げる」「英作文での頭の働かせ方を学ぶ」ことにつながらないことがほとんどのような気がします。自分の「細かいミスの傾向（例：3単現の s を忘れる）」は把握できるかもしれませんが、美しい英文の習得（つまり模範解答のインプット作業）のほうがはるかに優先順位が高いのです。

もちろん、添削が無駄ということではありませんが、誰もが添削をしてもらえるような環境にいるわけではありませんよね。そのような環境でなくても、大学に合格できることをこの本などで証明していくのがボクらの仕事です。また、「生徒の答案例」を再現して添削することもしません。他人の間違った答案を見ることで、それが記憶に残ってしまうこともよくありますし、他のことに時間を割いたほうが有益だからです。多くの受験生がミスして、かつ、それを知っておくと役立つことだけ、ミスのパターンを示して解説していきます。

# もくじ ━━━━━━━━━━━━━━━━

# PART 2
# 文法・語法による英作文

# PART 3
# 思考型の英作文

# 頻出表現の英作文

# Part 1

# 「日常」を語る

**例題**　01

❶ 私は毎日、朝食の前に英語を30分勉強している。

_____ before breakfast every day.

❷ 私の母は高校で数学を教えている。

_____ at high school.

❸ お仕事は何ですか？

_____ do?

## ▶ 「現在形」＝「現在・過去・未来形」と考える

　現在形と聞くと、「現在のことだけを表す」と思ってしまいがちですが、実際には現在形が「今現在この瞬間」を表すことはそう多くありません。

　実は、現在形は「過去・現在・未来すべてに起こること」に使われます。つまり、「昨日も今日も明日もすること」を表すのです。この正しい考え方を押さえると、文法書に載っている「習慣・不変の真理・確定した未来」といった用法も簡単にマスターできます。

┌─【現在形の用法】─────────────────────────

1 **習慣**：I <u>go</u> to school.　私は学校へ行く。

2 **不変の真理**：The earth <u>goes</u> around the sun.　地球は太陽の周りを回っている。

3 **確定した未来**：The train <u>arrives</u> at eight.　その列車は 8 時に着く。

└───────────────────────────────────────

　1 **習慣**：I go to school. は、決して「今この瞬間学校に向かっている」ことを表しているわけではありません。正しくは「私は（昨日も今日も明日も）学校へ行く」という意味で、学生（もしくは教員など）しか使えない表現なのです。このように、「習慣」と呼ばれる用法も「現在形」＝「現在・過去・未来形」と考えれば正しく理解できます。

2　**不変の真理**：The earth goes around the sun.「地球は太陽の周りを回っている」という事実は、「昨日も今日も明日も」当てはまりますよね。よって、goes という「現在形」が使われます。

3　**確定した未来**：文法書では「確定した未来には現在形を使う」と説明されますが、これも同じ発想で考えてみましょう。たとえば、The train arrives at eight. は「（昨日も今日も明日も）その列車は 8 時着」ということです。多少の誤差はあるにせよ、基本的に毎日同じ時間に列車は到着しますよね。つまり、「過去・現在・未来においてくり返し行われる行為」のことを「確定した未来」と定義しているだけなんです。こういった、毎日くり返されるような「公の予定」には現在形がよく使われます。

> **Point**
>
> 「現在形」＝「現在・過去・未来形」
> →「昨日も今日も明日もすること」には現在形を使おう！

## 📖 例題の解説

❶ 問題文は「毎日（昨日も今日も明日も）英語を勉強している」なので、現在形 study を使います。「勉強している」という日本語につられて、現在進行形（be -ing）を使わないように注意してください（進行形は Lesson2 で扱います）。

❷ 「（昨日も今日も明日も）私の母は高校で数学を教えている」ということなので、現在形 teaches を使います。表している内容は、My mother is a high school math teacher.「私の母は高校の数学教師だ」と同じです。

❸ What do you do?「お仕事は何ですか？」という会話表現ですが、これも現在形の発想から攻略できます。What <u>do</u> you do? の最初の do は「現在形」を表します（もし過去形なら What <u>did</u> you 〜? ですね）。よって、直訳「あなたは、（昨日も今日も明日も）何をしますか？」→「あなたのお仕事は何？」となるわけです。
ちなみに、What do you do <u>for fun</u>? なら、直訳「あなたは、（昨日も今日も明日も）<u>楽しみを求めて</u>何をしますか？」→「趣味は何？」を表します。現在形をきちんと理解していれば簡単ですね。

解答例

> ❶ <u>I study English for thirty minutes</u> before breakfast every day.
> ❷ <u>My mother teaches math</u> at high school.
> ❸ <u>What do you</u> do?

Lesson 2

# 「今、この瞬間」を語る

🎧 02

**例題**

❶ 私はサッカー部に所属している。

_____ the soccer team.

❷ 多くの高校生はスマートフォンを持っている。

_____ a smartphone.

❸ 彼は今、昼食を食べているところだ。

_____ right now.

## ▶ 進行形は「途中」と考える

　現在進行形は「〜している」ではなく、「〜している<u>途中</u>」と考えてください。文法書などでは「状態動詞は進行形にできない」と説明されますが、これは進行形の「〜している途中」という発想で攻略できます。

> **【状態動詞（進行形にできない動詞）の一例】**
>
> 1 **所属・構成など**：live「住んでいる」／ belong to「属している」／ resemble「似ている」／ have「持っている」／ consist of「構成されている」／ contain「含んでいる」
> 2 **心理・知覚など**：like「好む」／ love「好む」／ want「望む」／ know「知っている」

　進行形は「〜している途中」なので、be cooking は「料理をしている<u>途中</u>」、be talking は「話している<u>途中</u>」となりますね。このように、進行形にできる動詞は「途中」という概念とピッタリ合います。逆に、「途中」という概念と合わない動詞は進行形にできないわけです。know や like を進行形で使って、「知っている<u>途中</u>」「好んでいる<u>途中</u>」とするのは変ですよね。

　つまり、「途中」という概念と合うなら進行形にできる、合わないならできない、というだけです。「途中」とは「すぐに中断・再開できる」ことなので、「5秒ごとに中断・再開できない動詞は進行形にできない」と考えるといいでしょう（短い時間なら何秒でもOK）。

※ know や like は5秒ごとに中断・再開できませんね（5秒ごとに「記憶を消したり戻したり」、「好きになったり嫌いになったり」できないはずです）。よって、両方とも進行形にしないとわかります。

Point

PART
1

進行形は「〜している途中」と考える
「5秒ごとに中断・再開できない」→「進行形にできない」と考えよう！

注意 「〜している」の区別（現在形 vs. 現在進行形）
「〜している」という日本語を見て、すぐに「現在進行形」にしてしまうと、ミスを連発する可能性があります。必ず「昨日も今日も明日もすること（= 現在形）」なのか、「今まさにしている途中のこと（= 現在進行形）」なのかを考えてください。

## ▶ 「近い未来」を表す用法

　文法書で「現在進行形は近い未来の予定を表す」と説明される用法もありますが、これも「すでに何かしら手をつけている途中」→「近い未来の予定」を表す、と考えれば OK です。
　たとえば、They are marrying next week.「あの 2 人は来週結婚する予定です」という文は、すでにさまざまな準備（式場を決める・ドレスを決めるなど）が進んでおり、もはや結婚式の「途中」と考えられます。このように「すでに着手している」「個人の予定として組み込んでいる」ときに進行形が使えるのです。「スマホのカレンダーに入れておくような予定」に進行形を使うと考えてもいいでしょう。

Point

現在進行形は「すでに何かしら手をつけている途中」→「予定」を表せる

## 📖 例題の解説

❶ belong to 〜「〜に属している」は、「5秒ごとに中断・再開できない」→「進行形にできない動詞」です。現在形を使って、I belong to 〜「私は〜に所属している」とします。

❷「持っている」という意味の場合、have は進行形にできません。「多くの高校生が今まさにスマホを持っている途中」は変ですよね。スマホを買って「持っている・所有している」という状態は5秒ごとに中断・再開もできません。よって、現在形 have を使います。

※ちなみに、主語は複数ですが、目的語は単数形（a smartphone）で OK です。「複数の高校生が（それぞれ）1つずつスマホを持っている」と解釈できるからです。

❸「食べる・飲む」という意味であれば、have は進行形にできます。「今まさに食べている・飲んでいる途中」はバッチリですね（5秒ごとに中断・再開もできます）。

解答例

❶ I belong to the soccer team.
❷ Many[A lot of] high school students have a smartphone.
❸ He is having[eating] lunch right now.

## 「過去〜現在まで」を語る

**Lesson 3**

### 例題

03

❶ 私はこれまで沖縄に3回行ったことがある。

_____ three times.

❷ 私たちが駅に着いたとき、すでに電車は出発していた。

When we got to the station, _____ .

❸ 私は来月で3年間北海道に住んでいることになる。

_____ next month.

### ▶ 現在完了形は「過去〜現在までの矢印」

現在完了形は用法の分類よりも、「イメージ」をつかむことが重要です。これによって、英作文で重要な「どういうときに完了形を使うのか？」が理解できます。

現在完了形の "have+p.p." という形をよく見ると、「過去の状態（p.p.）を所有している（have）」となっていますね。つまり、「現在完了形」＝「過去＋現在（過去〜現在をつないだ時制）」なわけです。言ってみれば、「過去から現在までの矢印」のイメージになります。

過去 現在

過去 + 現在 ＝ have+p.p.

※動作の「継続」を表したい場合は、基本的に「現在完了進行形（have been -ing）」を使います。「ず〜っと続けていて、今も続いている」、さらには「今後も続きそう」という感じです。もちろん「状態動詞」は進行形にできないので、常に have p.p. を使います。

### ▶ 過去完了形・未来完了形は「コピペ」でOK

現在完了形の「過去から現在までの矢印」を過去の方へ移動（コピペ）すれば、「過去完了形（had p.p.）」になります。つまり、現在完了形は「現在の一点が基準（現在までの矢印）」でしたが、「過去の一点が基準（過去の一点までの矢印）」になったものが過去完了形の正体なのです。そして、未来方向にコピペすれば「未来完了形（will have p.p.）」になります。「未来の一点までの矢印」というイメージです。

│──────── had p.p.ゾーン ────────│──── have p.p.ゾーン ────│── will have p.p.ゾーン ──│

大過去　　　　　　　　　　　　　過去　　　　　　　　現在　　　　　　　　未来

┌─【注意】「〜した」の区別（過去形 vs. 現在完了形）─────────────────
│
│　1 「過去に〜した（現在とは関係ない）」→ 過去形
│　2 「（過去〜現在にかけて）〜した（そして、現在までその影響が及んでいる）」
│　　　→ 現在完了形
│
└──────────────────────────────────────────

　過去形は「現在とは切り離されている」感覚で、「過去のこと」しか表しません。現在とは関係のない「点」のイメージです。

　一方、現在完了形は「過去〜現在までの矢印」という「線」的なイメージです。つまり、過去形が「過去しか表さない（現在は不明）」のに対し、現在完了形は「（過去に起きた出来事が）現在も続いている・現在まで影響が及んでいる」ことを表します。以下の例文は現在まで影響が及んでいるので、現在完了形が適切ですね。

　［例］インターネットの発達は、世界を完全に変えた。

　　　The development of the Internet has completely changed the world.


## 📖 例題の解説

❶「（過去〜現在において）沖縄に 3 回行ったことがある」なので、現在完了形の have been to 〜「〜へ行ったことがある」という表現を使います。have gone to 〜 は「〜へ行ってしまった（もうここにいない）」を表すので注意しましょう。

❷「私たちが駅に着いた」という過去の一点までの完了を表しているので、過去完了形（had p.p.）を使います。「出発する」は leave ／ depart ／ go がベストです（start を使うと「始動・発車」をイメージさせ、電車がまだホームにはあるけれど動き出した感じになります）。

❸「来月」という未来の一点までの継続を表しているので、未来完了形（will have p.p.）を使います。「継続」を表しますが、live は状態動詞なので進行形になりません。

　　　　　　　　　　　　　　　　　　　　　　　　　　　　　　　　　　解答例

┌──────────────────────────────────────────
│
│ ❶ I have {already} been to Okinawa three times.
│ ❷ When we got to the station, the train had already left[departed/gone].
│ ❸ I will have lived in Hokkaido for three years next month.
│
└──────────────────────────────────────────

## 「過去・未来」を正確に表す

**例題**

04

❶ 昔はよく、彼と放課後カラオケに行ったものだ。

_____ after school.

❷ かつては大学の近くにカフェがあった。

_____ be a café near the university.

❸ （急に電話が鳴って）僕が電話に出るよ。

_____ answer it.

### ▶ 「主観・客観」から整理する

would と used to の違いは有名ですが、will と be going to の違いを理解している受験生はそう多くありません。これらの使い分けは「主観・客観」という視点で整理できます。

【助動詞 vs. 代用表現】

| 意味 | 助動詞（主観） | 助動詞もどき（客観） |
|---|---|---|
| よく～したものだ | would | used to ～ |
| これから～する | will | be going to ～ |

「助動詞（would ／ will）」は「主観」を表します。本来、助動詞は「気持ち」を表すので、「話し手の気持ち」→「主観」となります。

一方、「助動詞もどき（used to ／ be going to）」は「客観」表現です。本来、go などの一般動詞は客観的な事実を表すからです。

### ▶ would と used to の違い

| | would（主観） | used to（客観） |
|---|---|---|
| 過去の習慣「よく～したものだ」 | ○（不規則な習慣） | ○（規則的な習慣） |
| 過去の状態「～だった」 | × | ○ |
| 過去と現在の「対比」 | × | ○ |

would は「主観的」なので、気分でやったりやらなかったりという「不規則な習慣」を表します。しかも、「昔はよく〜したなぁ」という昔を回想する気持ちが強くなります（would の後ろに often・sometimes がよくきます）。

used to は「客観的」なので、週３回キッチリしていたような「規則的な習慣」を表します。また、used to は「（客観的に）過去と現在を対比」できます。さらに、直後に状態動詞（主に be）がきて、「過去の状態（〜だった）」を表すこともあります。

## ▶ will と be going to 〜 の違い

will は助動詞なので「主観」表現ですね。主観的なので「その場でパッと思ったこと」に使います。I'll 〜 は「じゃあ、〜するよ」と言うときにピッタリなのです。

［例］L サイズのカフェラテをください。　I'll have a large café latte.

※お店のメニューを見て、その場で決めるので will を使います。

一方、be going to 〜 は「客観」表現です。そのため、すでに「予定として決まっていること（＝ 客観的な事実）が着々と進んでいるとき」や「現在の兆候（＝ 客観的な事実）に基づいた予想」に使います。この使い分けは、英作文でとても大事です。

［例］彼女は来月出産する予定です。　She is going to have a baby next month.

※「着実に出産日に近づいている」「お腹が大きい」といった「客観的な事実」があるので、be going to を使います。

> **Point**
>
> will：主観的 → 「その場で決めたこと」に使われる
> be going to：客観的 → 「あらかじめ決めていた予定」に使われる

## 📖 例題の解説

❶ would often 〜「昔はよく〜したものだ」を使います。

❷ used to 〜「昔は〜だった」という過去の状態を表す用法です。There used to be 〜 で「かつては〜があった（けれど今はない）」という対比のニュアンスも含まれます。

❸ 電話に出るのは「電話が鳴った時点で決めたこと」なので will を使います。be going to 〜 は「あらかじめ予定していたこと」に使うので、事前に電話がくるのがわかっていて「電話が鳴っても出ないでよ。僕が出るんだから」という状況になってしまいます。

解答例

> ❶ I would often go to karaoke with him after school.
> ❷ There used to be a café near the university.
> ❸ I'll answer it. ／（参考）I'll get it.

## 「時間の経過」を表す(1)
## 「〜年ぶり・久しぶり」

Lesson 5

🎧 05

**例題**

❶ 私は 3 年ぶりにスキューバダイビングをしに行った。

I went scuba diving _____ .

❷ 私は先月、久しぶりに帰省した。

Last month, I went back to my hometown _____ .

❸ その俳優がアクション映画で主演を務めたのは 7 年ぶりのことだ。

This _____ that the actor has starred in an action movie.

「X 年ぶりに」は英作文での定番表現です。この日本語を見た瞬間に、以下の 3 パターンを思いつくようにしておきましょう(特に**1**と**2**は超頻出)。

▶ ## 「X 年ぶり」

**1** SV for the first time in X years.

**2** This is the first time in X years that s have p.p.

**3** This is the 最上級 名詞 s have p.p. in X years.

　**1** 英語では「〜年ぶり」を表すコンパクトな表現がないので、for the first time in X years「X 年の中で(in X years)初めて(for the first time)」→「X 年ぶり」と表します。

　[例]今日、シャーロンは 4 年ぶりにアイススケートに行った。

　　　Today Sharon went ice skating for the first time in four years.

注意 この表現は「意志を伴う動詞」に使うので、基本的に自然現象などには使いません。上の例文も「(自分の意志で)〜に行った」を表していますね。また、「期間」を表すと考えて、後ろを(×)<u>for</u> X years とするミスが多いです。必ず(〇)<u>in</u> X years の形で使ってください。

補足 この形を利用して、「久しぶりに」は for the first time <u>in a long time</u> [in a while / in years / in ages] と表現できます。直訳「長い間の中で初めて」→「久しぶりに」です。

**2** の This is the first time <u>in X years</u> that sv. は、「X 年の中で sv するのはこれが初めてだ」→「〜するのは X 年ぶりだ」を表します。sv では「現在完了形」を使う点にも注意しましょう（1 回目の「経験」と考えられるからです）。

※ちなみに、1 はあくまで「(X 年ぶりに) <u>sv した</u>」がメインの情報です。「(〜したのは) <u>X 年ぶりだ</u>」に重点がくるときは 2 の This is the first time in X years that 〜 を使います。

［例］カープがセ・リーグ優勝したのは 25 年ぶりのことだ。※この Carp は複数扱い

   This is the first time in 25 years that the Carp have won the Central League title.

**3** 主に「自然現象（雨・雪・寒暖・地震など）」に関するときは、最上級を使って「X 年の中で一番の〜だ」→「X 年ぶりの〜だ」と表せることがあります。これも「過去〜現在で経験した中で」を表すので、後ろは現在完了形になります。

［例］3 年ぶりの大雪だ。 This is the heaviest snow we have had in three years.

 ※直訳：これは私たちが過去 3 年で経験した最大の雪だ。

補足 「これは X 年ぶりだ」→「そんな〜は X 年間していなかった」と考え、I have not p.p. such a 形容詞 名詞 for[in] X years. などと否定文で表せる場合もあります。

## 📖 例題の解説

❶ for the first time in X years「X 年ぶりに」を使います。

❷ for the first time in a long time「久しぶりに」という表現です。for the first time in X years「X 年ぶりに」の X years を、a long time「長い間」に変えただけですね。
ちなみに、go back to one's hometown「自分の故郷に帰る」→「帰省する」という表現も大事で、「都市・田舎」といった話題は英作文でよく出てきます。

❸ 文頭に This があるので、This is the first time in X years that s have p.p.「〜するのはこれが X 年ぶりだ」の形にします。

解答例

❶ I went scuba diving <u>for the first time in three years</u>.

❷ Last month, I went back to my hometown <u>for the first time in a long time[in a while/in years/in ages]</u>.

❸ This <u>is the first time in seven years</u> that the actor has starred in an action movie.
 ※ star は動詞「主演する」

# Part 1

## Lesson 6 「時間の経過」を表す(2) 「〜年たつ」

06

例題

❶彼女が日本に来てから 5 年がたった。

Five years _____ .

❷第二次世界大戦が終わって70年以上になる。

It _____ World War II ended.

❸彼が亡くなってから 3 年になる。

He _____ .

「〜してから 年月 がたつ」の表現方法は、全部で 4 パターンあります。自在に書き換えられるようにしておきましょう。

### ▶ 「〜してから 年月 がたつ」

**1** 年月 have passed since sv.　※「年月 が過ぎる（pass）」
**2** It has been 年月 since sv.　※ It is 年月 since sv. でも OK

**1**「sv してから 年月 が過ぎている（have passed）」という意味です。「（過去〜現在まで）時間が過ぎる」という感覚なので、現在完了形 have passed を使います。

［例］彼女が札幌に引っ越してから10年になる。

　　　Ten years have passed since she moved to Sapporo.

**2**「過去〜現在まで」を表しているので、「現在完了形（It has been）」にするのが原則です。ただ、現実にはこれが崩れた It is 年月 since sv. の形も使われます。

［例］私はピアノを始めてから20年になる。

　　　It has been twenty years since I started playing the piano.

［例］私たちが高校を卒業してから10年以上がたっている。

　　　It is more than [over] ten years since we graduated from high school.

注意 2 つの表現を混同して（×）It has passed とするミスが多いのですが、「It が過ぎる」では意味不明ですね。あくまで「年月 が過ぎる」という関係です。

さらに、動詞によっては他のパターンで表すこともできます。

## ▶ 「〜してから X 年がたつ」

3 S have p.p. 〜 for X years.　　※直訳「X 年間〜している」
4 SV 〜 X years ago.　　※直訳「X 年前に〜した」

　3 「期間」を表す for を使い、「X 年間〜している」→「〜してから X 年がたつ」となります。状態動詞は現在完了形で OK ですが、動作動詞の場合は「現在完了進行形」にすることが多いです（動作の「継続」を表すため）。

　[ 例 ] サトシは一人暮らしをして 8 年がたつ（サトシは 8 年間一人暮らしをしている）。
　　　　Satoshi has lived on his own for eight years.

　4 過去形を使って、「X 年前に〜した」→「〜してから X 年がたつ」と表せる場合もあります。

　[ 例 ] 私の大学では、15年前からオンラインでいくつかの講義をしている。
　　　　My university started teaching some courses online 15 years ago.

## ▶ 書き換えパターンを一気に整理

「彼が亡くなってから、5 年がたった」は、以下の 4 パターンの書き換えが可能です。

> Five years have passed since he died.
> = It has been[It is] five years since he died.
> = He has been dead for five years.　　※形容詞 dead「死んでいる（状態）」
> = He died five years ago.

## 📖 例題の解説
- - - - - - - - - - - - - - - - - - - - - - - - - - - - - - - - - - - - - - - - - -
❶ 文頭に Five years があるので、 年月 have passed since sv.「sv してから 年月 がたつ」の形を使います。
❷ 文頭に It があるので、It has been[It is] 年月 since sv.「sv してから 年月 がたつ」の形を使います。
❸ 文頭に He があるので、「彼が亡くなってから 3 年になる」→「彼は 3 年間亡くなった状態だ」と考え、He has been dead for three years. とします。もしくは、過去形を使って「彼は 3 年前に亡くなった」と表しても OK です。

解答例

> ❶ Five years <u>have passed since she came to Japan</u>.
> ❷ It <u>has been[is] more than[over] 70 years since</u> World War II ended.
> ❸ He <u>has been dead for three years</u>. ／ He <u>died three years ago</u>.

23

# Part 1

## Lesson 7 「未来の予想」を語る

07

---

**例題**

❶ 多くの人が気軽に月旅行に行く日がくるでしょう。

_____ a lot of people can freely travel to the moon.

❷ 間もなく、紙の本よりも電子書籍を読む人のほうが多くなるだろう。

_____ more people read e-books than paper books.

---

### ▶ 「〜する日［時］がくるだろう」

**1** 「〜する日［時］がくるだろう」：The[A] day[time] will {surely} come when 〜

**2** 「間もなく〜するだろう」：It will not be long before 〜

**1** もともとは The day <u>when</u> 〜 will come.「〜する日がくるだろう」という形です（when は関係副詞）。ただ、これでは主語 The day when 〜 が長いので、when 〜 を後ろまわしにして、The day will come when 〜 とするわけです。

※「〜する日がくるだろう」→「いつか〜するだろう」と考えて、S will do 〜 someday[in the {near} future]. などと表現できる場合もあります。

**2** 直訳「〜する前まで (before 〜)、時間は長くないだろう (It will not be long)」→「〜するのに長くはかからないだろう・間もなく〜するだろう」となります。

注意 この before は「時を表す副詞節」を作るので、「時・条件を表す副詞節の中では、未来のことでも現在形を使う」というルール（139ページ参照）により、before 節の中では「未来のことでも現在形」で表す必要があります。

### 📖 例題の解説

- - - - - - - - - - - - - - - - - - - - - - - - - - - - - - - - - - - - - - - - - - - - -

❶ The[A] day will come when 〜「〜する日がくるだろう」の形にします。

❷ It will not be long before 〜「間もなく〜するだろう」の形にします。

**解答例**

❶ <u>The[A] day will come when</u> a lot of people can freely travel to the moon.

❷ <u>It will not be long before</u> more people read e-books than paper books.

Lesson **8** 「前後関係」を表す

08

### 例題

❶私はコンサートが始まる10分前に会場に着いた。

I reached the concert hall _____ .

❷家を出て 5 分後に、雨が降り始めた。

It started raining _____ .

## ▶ 「〜の X 前に・〜の X 後に」

1 「〜の X 前に SV する」: SV X before 〜 .　　2 「〜の X 後に SV する」: SV X after 〜 .

「〜の 3 分前に」を表したいときは、three minutes を before 〜 の直前に置けば OK です。もし before 〜 だけだと、1 秒前なのか、1 時間前なのか、1 日前なのか、はたまた 1 年前なのかわかりませんね。そこで "数字＋単位" を before の直前に置いて、「どのくらい前か」を示すわけです。

　［例］雨が降り始める10分前に、サムは傘を買った。

　　　　Sam bought an umbrella ten minutes before it started raining.

補足 数字は本来「名詞」ですが、実際には "数字＋単位" が「副詞」として働くことが頻繁にあります。I'm 18 years old.「私は18歳です」というおなじみの表現でも、数字＋単位（18 years）が副詞として old を修飾していますね。また、before・after の直前には具体的な時間表現だけではなく、right・just・shortly「すぐに」などを置くことも可能です。

## 📖 例題の解説

- - - - - - - - - - - - - - - - - - - - - - - - - - - - - - - - - - - - - - - - - - - - - -

❶「〜する10分前に」は ten minutes before 〜 と表します。ten minutes を before 〜 の直前に置いて、「どのくらい前」という範囲を示した形です。

❷「〜して 5 分後に」は five minutes after 〜 とすれば OK です。

解答例

❶ I reached the concert hall ten minutes before the concert started.

❷ It started raining five minutes after I left my[the] house.

　Lesson 1〜8までの内容に関連した入試問題に挑戦してみましょう。わからないときは解説を読み、本文に戻って内容を振り返るようにしてください。

### 問題

**❶** 太陽は毎日東から昇る。 （滋賀）

_____.

**❷** There's a French proverb that says 君が何を食べているのかを教えてくれ、そうしたら、君がどんな人間かがわかる。 ★下線部のみ英訳 （鹿児島）

_____.

🔑ヒント ▷ 「人に物を教える（伝える）」: tell 人 物／「〜してくれ。そうしたら、…」: 命令文 , and ... ／
「君がどんな人間か」: what kind of person you are ／ what you are

**❸** 彼は18歳になるまで、東京に行ったことがありませんでした。 （東京歯科）

_____.

🔑ヒント ▷ 「〜になる」: turn 〜

**❹** 父親：暑いなあ。かつみ君一家も誘って、みんなでプールへ行こうか。
　　娘：いいわね。彼に電話して、一緒に行けるか聞いてみるね。 （滋賀）

_____.

🔑ヒント ▷ 「かつみ君一家」: Katsumi and his family

**❺** 彼は8年ぶりに日本に帰った。 ★12語で [ back / first / in ] を使って （早稲田）

_____.

🔑ヒント ▷ 「〜に帰る」: come back to 〜

**❻** 彼に最後に会ってから7年がたっている。 （日本女子）

_____.

**❼** ほとんどすべての人が海外旅行をするようになる日も遠くはあるまい。 （青山学院）

_____.

**❽** 彼はアフリカに出発する3日前に私を訪ねてきた。 ★12語で [ see / left ] を使って （早稲田）

_____.

解説＆解答例

## ❶ 現在形と前置詞inがポイント ➡ Lesson 1

「太陽は毎日東から昇る」は、「毎日」からもわかるように「現在形」を使います。

また、The sun rises <u>in</u> the east every day. と前置詞 in を使う点も大切です。日本人は「東<u>から</u>昇り（出発点）、西<u>に</u>沈む（到着点）」のように方角を「点」と捉えますが、英語圏の人は方角を「大きな空間」と考えます。東西南北に 4 つの箱があって、その 4 つの箱の「中で」太陽が昇ったり、沈んだりする、という感覚なのです。「東という大きな箱<u>の中で</u>太陽は昇る」という感覚から、in を使います。

※ちなみに、the sun ／ the east ともに冠詞は the が適切です（Lesson 57参照）。

| 解答例 |
The sun rises in the east every day.

## ❷「〜している」の区別 ➡ Lesson 1 , 2

文脈上「（過去・現在・未来において／日頃）君が何を食べているのか」という意味なので、「現在形（eat）」を使うのがポイントです。tell 人 物「人に物を伝える」の形を利用して、Tell me what you eat「君が何を食べているのかを教えてくれ」とします。決して「（今この瞬間）君が何を食べている<u>途中</u>なのか」ではないので、進行形（are eating）を使わないように注意しましょう。

問題文中の There's a French proverb that says 〜 は、「〜というフランスのことわざがある・フランスのことわざ曰く〜」という意味です。

| 解答例 |
tell me what you eat, and I will know what kind of person you are.
（別解）tell me what you eat, and I will tell you what kind of person you are[what you are].

## ❸ 過去完了は「過去の一点までの矢印」 ➡ Lesson 3

「18歳になるまで」という過去の一点までの経験を表しているので、過去完了形（had p.p.）を使います。have been to 〜「〜へ行ったことがある」を過去完了形にして、He had never been to Tokyo before 〜「彼は〜まで東京に行ったことがなかった」とすれば OK です。

ちなみに、turn eighteen {years old}「18歳になる」は第 2 文型（SVC）です。turn 〜「〜になる」を書けるようにしておきましょう（ここで become を使うとやや不自然）。

| 解答例 |
He had never been to Tokyo before he turned eighteen {years old}.

## ❹「その場で決めたこと」は I'll 〜 ➡ Lesson 4

父親：2文目は Why don't we 〜？や should を使って、Why don't we 〜？「〜しようか」／ We should 〜「私たちは〜したほうがよい・〜しよう」と表します。その後は invite Katsumi and his family「かつみ君一家を誘う」、all go to the pool together「一緒にみんなでプールへ行く」とつなげれば OK です。「一緒に」は英作文でミスが多いので、使い方を確認しておきましょう。

┌─【「一緒に」の区別】────────────────────────
│　1　together　※主語は「複数」概念の場合　　　2　with 〜
└──────────────────────────────────

together が使えるのは「主語が複数（we など）」の場合に限られます。「私は（あなたと）一緒に行く」と言いたいとき、（×）I'll go together. とは表せません。主語が I（単数）なので、（○）I'll go with you. とする必要があるわけです。今回は Why don't we 〜？／ We should 〜 なので、together が使えます。

娘：That's a good idea. ／ That sounds good.「いいわね」は重要な会話表現です。「相手の発言」を受けるときは that を使います。そして、父親の発言を聞いて「彼に電話して〜かどうか聞いてみるね」と今この場で決めたわけなので、I'll call him and ask if 〜 とするのがポイントです（if は「〜かどうか」という意味の名詞節を作る接続詞で、ask if 〜「〜かどうか尋ねる」はよく使われます）。I'll の代わりに I'm going to 〜 を使うと、「あらかじめ決めていた予定」になるので、今回は不適切です。

if 以下は「一緒に」→「私たちと一緒に」と考え、they can go[come] with us「彼らが私たちと一緒に行ける」とします。ここで together を使うと、「彼ら（かつみ君一家）が一緒に行く」ことになってしまい、不適切ですね。「誰と一緒か」を考えるようにしましょう。

┌│解答例│────────────────────────────────
│　父親：It's {really/so} hot. Why don't we invite Katsumi and his family and all go to the
│　　　　pool together? ／ We should invite Katsumi and his family and all go to the
│　　　　pool together.
│　娘：That's a good idea[That sounds good]. I'll call him and ask if they can go[come]
│　　　　with us.
└──────────────────────────────────

## ❺「X年ぶりに」： for the first time in X years ➡ Lesson 5

「彼は日本に帰った」は語群の back を使って、He came[went] back to Japan とします（come[go] back to 〜 = return to 〜「〜に帰る」）。「8年ぶりに」は for the first time in eight years です。

┌│解答例│────────────────────────────────
│　He came[went] back to Japan for the first time in eight years.
└──────────────────────────────────

## ❻「〜してから 年月 がたつ」➡ Lesson 6

「〜してから7年がたっている」は、年月 have passed since sv. ／ It has been[It is] 年月 since sv. のどちらかで表せば OK です。両者を混同して、（×）It has passed 年月 since sv. と

ミスしないように注意してください。もしくは「彼に7年間会っていない」と考えて、I have not seen him for 〜と表すことも可能です。

| 解答例 |
Seven years have passed since I last saw[met] him. ／ It has been[It is] seven years since I last saw[met] him. ※後半は since I saw[met] him last の語順でも OK
（別解）I have not seen him for[in] seven years.

## ❼「間もなく〜するだろう」➡ Lesson 7

「〜になる日も遠くはあるまい」は、It will not be long before 〜「〜するのに長くはかからないだろう・間もなく〜するだろう」を使います。「ほとんどすべての人」は almost all people ／ almost everyone（almost の使い方は155ページ参照）、「海外旅行をする」は travel abroad とすれば OK です（abroad は副詞なので、直前に前置詞は不要）。before は「時を表す副詞節」を作るので、before 節では「未来のことでも現在形（travel）」を使う点に注意しましょう。

※ everyone は単数扱いなので、almost everyone とした場合は travels（3人称単数現在形）になります。

| 解答例 |
It will not be long before almost all people travel[almost everyone travels] abroad.

## ❽「〜する3日前」：three days before〜 ➡ Lesson 8

語群 see に注目です。「彼は私を訪ねてきた」→「彼は私に会いに来た」と考え、He came to see me とします。そして「〜する3日前」は three days before 〜、「〜に出発する」は leave for 〜 とすれば OK です。英作文では leave の語法がとても大切なので、以下で確認しておきましょう。

| 解答例 |
He came to see me three days before he left for Africa.

---

【leaveの語法】　※leaveは本来「ほったらかす」／forは「方向性」

□ leave 場所　「場所を出発する」　※「場所をほったらかす」→「場所を出発する」
□ leave for 場所　「場所に向かって出発する」
□ leave A for B　「B に向かって A を出発する」

---

| Q | A | 確認テスト |
|---|---|---|
| □「昨日も今日も明日もすること」を表す時制は？ | 現在形 | |
| □「過去の一点までの矢印」のイメージで使う時制は？ | 過去完了形 | |
| □「その場で決めたこと」に使うのは I'll 〜と I'm going to 〜 のどっち？ | I'll 〜 | |
| □「X 年ぶりに」を7語で表すと？ | for the first time in X years | |
| □「〜してから 年月 が経つ」を表す2パターンは？（年月 から始まる／It から始まる） | 年月 have passed since 〜．／ It has been[It is] 年月 since 〜． | |
| □「間もなく〜するだろう」を6語で表すと？ | It will not be long before 〜 | |
| □「〜する3日前」を表すには？ | three days before 〜 | |

# Part 1

## Lesson 9 「気持ち」を表す

09

### 例題

❶ 彼は（何とか）新しい働き口を見つけることができた。

_____ a new job.

❷ 人生で少なくとも1回は富士山に登ったほうがいいよ。

_____ at least once in your life.

❸ 雨が降ったので、その試合は中止せざるを得なかった。

It rained, so the match _____ .

## ▶ 「〜できた」を表すには？

「〜できた」と言いたいとき could を使う人が多いのですが、実際には could は「やろうと思えばできた」という意味です。He could run fast when he was young.「彼は若いとき（速く走ろうと思えば）速く走れた」のように、過去の（継続的な）能力を表します。

「（実際にある場面で一度だけ）できた」を表すときには was[were] able to 〜 を使って、I was able to get the tickets!「そのチケットをゲットできた！」のように表現します。

> 1 「やろうと思えばできた」→ could
> 2 「（実際にある場面で一度だけ）できた」→ was[were] able to 〜

※単に過去形を使うことも多いです（例：「彼に会えた」→ I met him.）。「（難しかったけれど）どうにかできた」と苦労や努力を伝えたいときに was[were] able to 〜 を使います。managed to 〜「何とか〜できた」／ succeeded in -ing「うまいこと〜できた」も OK です。

※否定文（〜できなかった）なら、could not ／ was not[were not] able to 〜 ともに OK ですが、英作文ではどんな場合でも使える was[were] able to 〜 を使うのが無難です。

## ▶ should vs. had better

should は「〜すべき」、had better は「〜したほうがよい」と覚えていると、英作文でミスしてしまいます。むしろ、その逆のイメージを持ってください。

should は「〜したほうがいいよ」とオススメするときに使えます。You should see the movie.「その映画を観るといいよ」のように気軽に使えるのです。

一方、had better は「〜しないと知らないよ・後で大変なことになるぞ」というニュアンスを含む表現です。「強いアドバイス」、さらには「脅迫」になることもあります。

［例］上司に電話すべきです。でないと、彼女は怒るだろうね。

　　　You'd better call your boss, or she is going to get angry.

---

**1** should は「〜したほうがいいよ」とソフトな感じで使える
**2** had better は「〜しないと大変なことになるぞ」といった強い意味になる

---

## ▶ must vs. have to

must と have to 〜 は意味は似ていますが、英作文では以下の 2 点に注意が必要です。

1　否定文：must not は「禁止（〜してはいけない）」を表すのに対し、do not[does not] have to 〜 は「不要（〜する必要がない）」を表します。

2　過去・未来：must に過去形はないので、「〜しなければならなかった」と過去を表したいときは "had to 〜 " を使います。また、未来のときは will have to 〜 とします。

## 📖 例題の解説

- - - - - - - - - - - - - - - - - - - - - - - - - - - - - - - - - - - - - - - - - - - - - - - -

❶「（実際に）〜することができた」を表しているので、was able to 〜 を使います。

❷ 友達に「〜したほうがいいよ」とオススメしている感じなので、should を使います。
had better 〜 だと「富士山に登らないと、後で困るぞ」といったニュアンスになるので、不自然です。

❸ had to 〜「〜しなければならなかった」を使います。「（試合は）キャンセルされなければならなかった」と考え、受動態 had to be canceled[cancelled] とすれば OK です。

※ cannot help -ing「〜せざるを得ない」は NG です。直訳は「〜するのを避ける（help -ing）ことはできない（cannot）」で、「（反射的に）つい・思わず〜してしまう」場合に使います。たとえば、cannot help laughing「思わず笑ってしまう」が自然な例で、今回のように「しかたなく〜しなければならない」を表す場合には have to 〜を使ってください。

解答例

---

❶ He was able to find a new job.
❷ You should climb Mt. Fuji at least once in your life.
❸ It rained, so the match had to be canceled[cancelled].

---

# Part 1

## Lesson 10 「過去の気持ち」を書く

### 例題

❶ 私は財布を落としたかもしれない。

_____ my wallet.

❷ 彼がそんなに難しい本を読んだはずがないよ。

_____ such a difficult book.

❸ 私は歴史のテストのために、もっとしっかり勉強しておくべきだった。

_____ for my history test.

▶ **" 助動詞 have p.p."は 2 つに分けて整理する**

" 助動詞 have p.p."という形は文法問題でも英作文でも超頻出です。全部で 6 つありますが、まずは大きく 2 つのグループに分けて考えてみましょう。すべて「現在から過去を振り返る」表現です。

**【"助動詞 have p.p."の全体像】**

予想 {
1 may have p.p. ≒ might have p.p. 「〜したかもしれない」
2 must have p.p. 「〜したにちがいない」
3 can't have p.p. ≒ couldn't have p.p. 「〜したはずがない」

イヤミ {
4 should have p.p. 「〜すべきだったのに（イヤミ）」「〜したはずだ（予想）」
5 ought to have p.p. 「〜すべきだったのに（イヤミ）」「〜したはずだ（予想）」
6 need not have p.p. 「〜する必要はなかったのに」
}
}

（1）「過去への予想」グループ 「（過去に）〜だったと、（今）予想する」

1 may have p.p. ≒ might have p.p. 「〜したかもしれない」

2 must have p.p. 「〜したにちがいない」

3 can't have p.p. ≒ couldn't have p.p. 「〜したはずがない」

３つとも「予想」の意味です。すべて「（過去に）〜だったと、（今）予想する」ことを表し、そこに助動詞の意味が加わっただけですね。

［例］彼は机にいないし、コートもなくなっているから、もう帰ったにちがいない。

　　He's not at his desk and his coat is gone, so he must have gone home already.

### （2）「過去への後悔（イヤミ）」グループ　「（過去に）〜したことを、（今）後悔する」

　4 should have p.p. 「〜すべきだったのに」「〜したはずだ（予想）」

　5 ought to have p.p. 「〜すべきだったのに」「〜したはずだ（予想）」

　6 need not have p.p. 「〜する必要はなかったのに」

should have p.p. と ought to have p.p. には「〜すべきだったのに」以外に、「〜したはずだ」という「過去への予想」の意味もあります（2つのグループにまたがるわけです）。ただ、どちらも「過去への後悔（イヤミ）」で使われることが多いので、まずはこちらを完璧にマスターしましょう。

［例］ユリはアドバイスを求めるべきだったのに。

　　Yuri should have asked for advice.

補足 need not have p.p. は少し古めかしい印象があるため、めったに使われません（大学入試でもほとんど出題されていません）。一応入れておきましたが、軽く流して OK です。

---

助動詞 have p.p. はすべて「現在から過去を振り返る」表現　**Point**

---

## 📖 例題の解説

❶ may［might］have p.p. 「〜したかもしれない」を使えば OK です。

❷ can't［couldn't］have p.p. 「〜したはずがない」を使います。「そんなに難しい本」は such a difficult book と表しますが、この "such a 形容詞 名詞" の語順にも注意してください（159ページ参照）。

❸ should have p.p. ／ ought to have p.p. 「〜すべきだったのに」を使います。過去への後悔を表す表現で、入試の英作文では最もよく狙われるパターンです。

解答例

> ❶ I may［might］have dropped my wallet.
> ❷ He can't［couldn't］have read such a difficult book.
> ❸ I should［ought to］have studied harder for my history test.

## Lesson 11 「想定外のこと」を語る

### 例題 🎧 11

**❶** そのテレビ番組は思ったより面白かった。

That TV show _____ .

**❷** 私は以前ほどジョギングをしていない。

I don't jog _____ .

**❸** 彼は見た目ほど年をとっていない。

_____ .

　比較級を使った「思ったより〜」「以前より〜」を表す表現は、文法の問題集ではあまり重視されませんが、英作文では超頻出です。ここで完璧に対策しておきましょう。

## ▶ 「思ったより〜」

> **1**「(私が) 思ったより〜」： 比較級 than I {had} expected
> **2**「(世間の) 考えより〜」： 比較級 than you might expect

　**1**「(私が) 思ったより〜」では think を使いたくなるかもしれませんが、比較級 than I thought it would be などと sv を加えたほうが自然なこともあるため、"比較級 than I {had} expected" の形が便利です。

　[ 例 ] 思ったよりたくさんの人が公園にいた。

　　There were more people in the park than I expected.

※文法的には過去完了形を使って than I had expected にするのが適切ですが、「思った」のほうが時間的に前なことは明らかなので、単に「過去形」を使って OK です。

　**2**「総称の you」を使って、「世間一般の人が考えるよりも〜・意外と〜」を表せます (総称の you については152ページ参照)。世間一般の人の考えを断定はできないため、「ひょっとしたら〜かもしれない」を表す助動詞 might を使うとベターです。

　[ 例 ] ノルウェーでは、(あなたの・世間の人が思っている) 想像以上に多くの人が英語を流暢に話す。

　　More people in Norway speak English fluently than you might expect.

## ▶ 「以前より〜」

1 「以前より〜だ」：比較級 than before

2 「S は以前より〜する」：SV（現在形）比較級 than S used to 〜 .

3 「S は X 年前より〜する」：SV（現在形）比較級 than SV（過去形）X years ago.

2 used to 〜「かつては〜していた」を使うとき、前半の動詞と used to 以下の動詞が同じ場合は基本的に省略します。以下では、than she used to {~~spend 〜~~} の spend 〜 が省略されています。

［例］トレイシーは以前よりも多くのお金を使っている。

Tracy spends more money than she used to.

3 漠然と「以前より〜」ではなく、「〇年前より〜する」といった明確な過去を表す場合は、than 以下に「過去形」を使います。代動詞 did・was[were] で表すことが多いです。

［例］テツヤは 2 年前より、よく（より頻繁に）自炊している。

Tetsuya cooks at home more {often} {now} than he did two years ago.

┌─【その他の頻出表現】───────────────

◆ 「S の見た目より〜」：比較級 than S looks

◆ 「いつもより〜」：比較級 than usual

◆ 「計画より〜」：比較級 than planned[scheduled]

└──────────────────────────

## ▶ 「否定」にする場合は？

not as 原級 as ...「…ほど〜ない」や、fewer ／ little ／ less が便利です。たとえば、「（私が）思ったほど〜ない」は "not as 原級 as I {had} expected"、「以前ほど〜ない」は "not as 原級 as before ／ not as 原級 as S used to 〜 " と表せます。

## 📖 例題の解説

- - - - - - - - - - - - - - - - - - - - - - - - - - - - - - - - - - - - - - - - - -

❶ 比較級 than I {had} expected「思ったより〜だ」を使います。

❷ not as 原級 as before ／ not as 原級 as S used to 〜「（S は）以前より〜しない」を使います。used to の後に同じ動詞（今回は jog）が続く場合は省略するのが基本です。

❸ not as 〜 as S looks「S は見た目ほど〜ない」を使います。本来は He is not as old as he looks {~~old~~}.「彼は見た目（の年齢）ほど年をとっていない」ということです。

解答例

┌──────────────────────────────
❶ That TV show was better[more interesting] than I {had} expected.
❷ I don't jog as much[often] as before. ／ I don't jog as much[often] as I used to.
❸ He is not as old as he looks.
└──────────────────────────────

# Part 1

## Lesson 12 「妄想」を書く

**例題**

❶ 十分なお金があれば、新しい iPhone を買うのに。

If _____ .

❷ もっと早く家を出ていたら、学校に遅刻しなかっただろう。

If _____ .

❸ 明日、映画を見に行けたらいいのになぁ。

I _____ .

### ▶ 仮定法の公式

「ありえないこと（妄想）」を言うときは「仮定法」を使います。空気を読む日本語とは違って、英語では「仮定法」を使って「妄想」だと明確に形で示す必要があるのです。

　ここで使われるのが「仮定法の公式」です。英作文では、特に「仮定法過去」と「仮定法過去完了」がよくポイントになります。

**1 仮定法過去の公式**　※「現在」の妄想／過去形を使う

If s 過去形 , S would 原形 「もし～ならば…だろうに」

**2 仮定法過去完了の公式**　※「過去」の妄想／過去完了形を使う

If s had p.p. , S would have p.p. 「もし～だったら…だったろうに」

**3 混合文（仮定法過去完了 + 仮定法過去）**

If s had p.p., S would 原形 「もし～だったら、（今は）…だろうに」

**4 未来の仮定**　※「未来」の妄想

① If s should 原形 , S would 原形／命令文など

　※「基本的にありえない」ことに使う／「絶対ありえない」とは言い切れない

② If s were to 原形 , S would 原形

　※「完全な妄想」に使う／実現可能性は関係なく「仮の話」のとき

※主節は would 以外に could・might・should でも可

### ▶ 仮定法の慣用表現

「（ありえないことを）願う」は I wish ～ で表し、「願う」のと「同じ時制のこと」なら過

去形を、「今願う内容がそれよりも前（過去）のこと」なら had p.p. を使います。

**【慣用表現(1)】"I wish"のパターン**　　　　　　※後ろにif節と同じ形（過去形やhad p.p.）がくる

| 時制 ＼ canの有無 | 普通の動作 | can「できる」を含意 |
|---|---|---|
| 現在の妄想<br>（仮定法過去） | I wish s 過去形<br>「今～ならなぁ」 | I wish s could 原形<br>「今～できればなぁ」 |
| 過去に対する妄想<br>（仮定法過去完了） | I wish s had p.p.<br>「あのとき～だったらなぁ」 | I wish s could have p.p.<br>「あのとき～できたらなぁ」 |
| 未来に対する妄想 | I wish s would 原形<br>「これから～ならなぁ」 | |

※ちなみに、「（ありえることを）願う」場合は hope や want を使います。

┌─**【慣用表現(2)】without ～「～がなければ」のバリエーション** ─────

　□ but for ～　　　□ if it were not for ～（= were it not for ～）「今～がなければ」

　□ if it had not been for ～　（= had it not been for ～）「あのとき～がなかったら」
└──────────────────────────────────────

［例］もし音楽がなければ、私たちの人生は単調で退屈なものになってしまうだろう。

　　　If it were not for music, our lives would be dull and boring.

┌─**【慣用表現(3)】その他の慣用表現** ─────────────────

　□ It is time s 過去形 「もう～する時間だ」　※必ず 過去形 になる／ about time 「そろそ
　　ろ～する時間」や high time 「とっくに～する時間」の形になることもある

　□ as if ～「まるで～のように」

　　※ SV as if sv. において…

　　　① V（主節の動詞）と v（as if 内の動詞）が「同時制」→ as if の中は 過去形

　　　② V よりも v が「1つ前の時制」→ as if の中は had p.p.
└──────────────────────────────────────

［例］彼は、まるで誰かに追いかけられているかのように走った。

　　　He ran as if he was being chased by someone.

## 📖 例題の解説

- - - - - - - - - - - - - - - - - - - - - - - - - - - - - - - - - - - - - - - - - -

❶ 仮定法過去の公式 "If s 過去形 , S would 原形" を使います。

❷ 仮定法過去完了の公式 "If s had p.p. , S would have p.p." を使います。

❸ I wish s could 原形 「～できればなぁ」の形を使います。

解答例

┌─────────────────────────────────────
│ ❶ If I had enough money, I would buy a new iPhone.
│ ❷ If I had left home earlier, I wouldn't have been late for school.
│ ❸ I wish I could go to see a[the] movie tomorrow.
└─────────────────────────────────────

# Part 1

## Lesson 13 「事実や仮定」を語る

**例題**  🎧 13

❶ その時、彼がウソをついていたのは明らかだった。

At that time, it was obvious _____ .

❷ あなたがパーティーに来れなかったのは残念だ。

It _____ .

❸ 日本人が元日に神社を訪れるのは珍しいことではない。

It is not _____ shrines on New Year's Day.

「〜することは…だ」を表すには、(1) It is 形容詞 that 〜／ (2) It is 形容詞 to 〜 の2パターンがあります。この区別は英語のプロでも間違えるほどで、きちんとルール化されないのですが、ここでは少しでもまとめてみたいと思います。英作文で本当によくポイントになりますよ。

▶ **It is 形容詞 that 〜：「事実」に対する可能性・感情**

この that のパターンでは、以下の2種類の形容詞（一部は名詞）が使われます。

**1 可能性**

apparent・evident・clear・obvious「明らかな」／ true・certain「確かな」／
uncertain「不確かな・はっきりしない」／ probable・likely「ありそうな」／
unlikely「ありそうにない」

**2 感情**

a pity・a shame「残念」／ regrettable「残念な」／ strange「奇妙な」／
surprising「驚くべき」／ natural「当然な」／ fortunate「幸いな」／
unfortunate「残念な」

ちなみに、この表現は「事実・現実」に対して自分の評価・感想を述べるときに使います。たとえば、It is a pity that we did not have more time to talk.「私たちにもっと話す時間がなかったのは残念だ」は、「もっと話す時間がなかった」という事実に対する感情（残念だ）を示しています。この形をとる形容詞・名詞は 1「可能性」、2「感情」の2パターンです。

## ▶ It is 形容詞 to 〜：「仮定」「一般論」

この to を使ったものでは、以下の形容詞が使われます。

**1 難易**

・難しい系：difficult・hard・tough「難しい」／ dangerous・unsafe「危険な」／
　　　　　　impossible「不可能な」
・易しい系：easy「簡単な」／ pleasant「楽しい」／ interesting「興味深い」／
　　　　　　convenient「便利な」／ nice「快適な」／ safe「安全な」

**2 頻度**

・よくある：common「普通の・よくある」／ usual「普通の」
・珍しい：uncommon・unusual「珍しい」／ rare「まれな」

　ちなみに、この表現は「仮定」や「一般論」を述べるときに使われます。たとえば、It is dangerous to walk in this neighborhood alone at night.「夜、この辺りを1人で歩くのは危険だ」は、「(もし) 夜1人でこの辺りを歩くとしたら」という仮定ですね。この形をとる形容詞は **1**「難易形容詞」(120ページ参照)、**2**「頻度」の2パターンです。

## 📖 例題の解説

- - - - - - - - - - - - - - - - - - - - - - - - - - - - - - - - - - - - - - - - - -

❶「〜するのは明らかだった」は It was obvious that 〜 で表します。lie「ウソをつく」は lie-lied-lied-lying という変化で、今回は過去進行形 was lying とすれば OK です。tell a lie「ウソをつく」という表現も使えます。

❷「〜するのは残念だ」は It is a pity[a shame] that 〜 と表します。pity と shame は可算名詞として使うので、a pity ／ a shame と a が必要です (shame は「恥」が有名ですが、a shame で「残念なこと」を表します)。ちなみに、regrettable は少し硬い単語で「遺憾に思う」といった感じになります。

❸「日本人が〜するのは珍しいことではない」は It is not uncommon[unusual/rare] to 〜 に、意味上の主語 "for 人" を加えれば OK です。❶❷の「彼が〜した」「あなたが来れなかった」は特定の事実ですが、❸は「日本人は〜する」という一般論なので to を使います。shrine「神社」や on New Year's Day「元日に」は日本紹介がテーマの英作文で重宝するので、しっかり書けるようにしておきましょう。

解答例

❶ At that time, it was obvious <u>that he was lying</u>.

❷ It <u>is a pity[a shame] that you were not able to[could not] come to the party</u>.

❸ It is not <u>uncommon[unusual/rare] for Japanese people to visit</u> shrines on New Year's Day.

## Lesson 14 「世間の考え」を語る

### 例題

🎧 14

❶肉を食べることは環境に悪いと言われている。

_____ is harmful for the environment.

❷彼はプロサッカー選手だったようだ。

It _____ . = He _____ .

❸このお寺は奈良時代に建てられたと考えられている。

This temple _____ in the Nara period.

　say ／ think ／ believe ／ seem など「認識・伝達」系の動詞には、**1**「"It" を主語にする」／ **2**「"具体的な名詞" を主語にする」という 2 種類の使い方があります。

## ▶ 「〜と言われている」

**1** It is said that sv.　※仮主語構文

**2** S is said to 原形 . ／ S is said to have p.p.　※くり上げ構文と呼ばれるもの

**1**→**2**へ書き換えるイメージを持ってください。

**1** It is said that ⑤v.「sv と言われている」　※仮主語 It、真主語 that

　　　　　　　　　　　　※主語を文頭にくり上げる

**2** ⑤ is said to 原形 .「S は〜と言われている」　※主語をくり上げたとき、to 原形 が続く

［例］ゾウは記憶力が良いと言われている。

　　　**1** It is said that elephants have good memories.

　→ **2** Elephants are said to have good memories.

注意 S is said to 〜 において、「(過去) 〜したと、(今) 言われている」のように時制がずれている場合は「完了不定詞 (to have p.p.)」を使います。

　［例］クレオパトラ女王は肌をより美しくするために、牛乳のお風呂に入っていたと言われている。　※ bathe in 〜「〜に入る・〜を浴びる」

　　　Queen Cleopatra is said to have bathed in milk bath to make her skin more beautiful.

注意 It is said that 〜 と S is said to 〜 を混同した (×) S is said that 〜 の形を書いてしまう受験生が多いのですが、これは絶対に NG です。

注意 It is said that ～は誰が言ったかは定かでなく、「世間では・伝統的に～と言われている」といった感じで使われます（少し改まった表現）。それに対し、「（友達から・ニュースなどで最近）～と聞いた」ような場合には "I hear {that} ～ " を使います。

　［例］カナダに引っ越す予定らしいね。

　　　　I hear that you are planning to move to Canada.

## ▶ 「～と考えられている」

　1 It is thought[believed] that sv.
　2 S is thought[believed] to 原形 .／S is thought[believed] to have p.p.

## ▶ 「～ようだ・～らしい」

　1 It seems that sv.
　2 S seems to 原形 .／S seems to have p.p.

※ seem は「根拠に基づいた推測」「論理的な判断」、look は「見た目による判断」に使われる傾向があります。たとえば、She seems intelligent. は「話し方や行動」などに基づいて「賢そう」と判断しているのに対し、She looks intelligent. は「見た目」による判断です。

## 📖 例題の解説

- - - - - - - - - - - - - - - - - - - - - - - - - - - - - - - - - - - - - - - - - -

❶ It is said that ～「～と言われている」の形です。meat は普通「不可算名詞」で使われるので、「肉を食べること」は eating meat（複数の s は不要）と表します。

❷ It seems that ～ ≒ S seems to ～「～するようだ」の形です。「（過去）プロサッカー選手だったように、（今）思える」と時制がずれているので、「完了不定詞」を使って He seems to have p.p. とします。

❸ 文頭 This temple に注目して、S is thought[believed] to ～「S は～すると考えられている」の形にします。「（過去）建てられたと、（今）考えられている」なので、完了不定詞の受動態 "to have been p.p." を使います。

解答例

　❶ It is said that eating meat is harmful for the environment.
　❷ It seems that he was a professional soccer player.
　　 = He seems to have been a professional soccer player.
　❸ This temple is thought[believed] to have been built in the Nara period.

# Part 1

## 「賛成・反対」を表す

**Lesson 15**

例題

🎧 15

❶ 私はあなたの意見に賛成です。

I agree ＿＿＿＿＿＿＿＿＿＿＿＿＿＿＿＿＿＿＿＿＿＿＿＿ .

❷ 私たちはその修正された契約書に同意した。

＿＿＿＿＿＿＿＿＿＿＿＿＿＿＿＿＿＿＿＿＿＿＿ the revised contract.

❸ 私は定年を75歳に引き上げることに反対だ。

I am ＿＿＿＿＿＿＿＿＿＿＿＿＿＿＿＿＿＿ raising the retirement age to 75.

　agree の語法を苦手にしている人が多いのですが、英作文ではとても大切です。自由英作文やスピーキングでも「賛成・反対」を述べる問題は超頻出です。

## ▶ agree の語法

**1 agree with ～「～に賛成する」**

　※「同意見・同感」を表す／後ろには「人」「人の意見・考え」など

**2 agree to ～「～に同意する・～を受け入れる」**

　※「同意・受諾」を表す／後ろには「(相手から出された) 提案・条件」など

**3 agree on ～「(複数の人が議論のうえ) ～に合意する」**

　**1** with は「付帯 (～と一緒に)」で、agree with ～ は「～と同意見・同感」を表します。そのため、後ろには「人」や「人の意見 (opinion)・考え (idea)」がよくきます。

　[例]　テッドに賛成だ (テッドの言う通りだと思う)。　I agree with Ted.

　[例]　あなたが言ったことに賛成です。　I agree with what you said.

補足 agree {with 人} that ～／ agree {with 人} about ～ の形も OK です。

　[例]　マリーは誰もがペットを飼うべきだというウッドハウスさんの意見に賛成している。

　　　Marie agrees with Ms. Woodhouse that everyone should have a pet.

　**2** agree to ～ は「相手が出した提案・条件を受け入れる」場合によく使われます。相手の提案・条件に「いいですよ・これで OK」と同意・受諾する感じです。また、前置詞 to は「方向・到達」を表すので、agree to ～ は「～に到達して実行する」イメージになります。

　[例]　彼の提案に同意します。　I agree to his proposal.

※彼の提案に対して「これで OK です」という同意・受諾を表します。I agree with his proposal. もアリですが、これは彼の提案が「自分の意見と同じ」ことを意味します。

　［例］私たちは彼らのオファーに同意した。　We agreed to their offer.

※ここでagree with 〜 はNGです。あくまで相手から出された「オファーを受け入れた」ということで、「同意見・同感」は不自然ですね。

　**3** agree on 〜 は「複数の人が議論して〜に合意する」ことを表します。以下は「計画の内容について話し合い、議論したうえで合意した」イメージです。

　［例］私たちはその問題を解決する案に合意した。

　　　　We agreed on a plan to fix the problem.

## ▶ その他の「賛成・反対」の表現

　**1**「〜に賛成である」：be for 〜／ be in favor of 〜

　**2**「〜に反対である」：be against 〜／ be opposed to 〜（名詞・動名詞）

　for は本来「方向性（〜へ向かって）」を表し、「気持ちが〜に向かって」→「〜に賛成して」となりました。この反対が against で、Are you for or against the proposal?「その提案に賛成ですか、反対ですか？」とよく使われます。

## 📖 例題の解説

❶「あなたの意見に賛成」には、agree with 〜「〜に賛成する」を使います。agree with one's opinion「人 の意見に賛成」は非常によく使うフレーズです。もしくは、単にI agree with you. と表すこともできます（この you は「あなたの言うこと・意見」を表しています）。

❷「修正された契約書に同意した」には、agree to 〜「〜に同意する・〜を受け入れる」を使います。相手が修正した契約書に対して「これで OK」と同意・受諾しているわけです。

❸ I am につながるように、be against 〜／ be opposed to 〜「〜に反対だ」を使います。ちなみに、動詞 retire は「（定年で）退職する」で、その名詞形が retirement「退職」です。retirement age「退職の年齢」→「定年」は仕事に関する英作文で大切なので、ここでチェックしておきましょう。

解答例

❶ I agree <u>with your opinion[with you]</u>.

❷ <u>We agreed to</u> the revised contract.

❸ I am <u>against[opposed to]</u> raising the retirement age to 75.

# 演習問題

Lesson 9〜15までの内容に関連した入試問題に挑戦してみましょう。わからないときは解説を読み、本文に戻って内容を振り返るようにしてください。

## 問題

**❶** ジェーンは今朝寝過ごしたが、それでもいつもの8時半の電車に間に合いました。(日本女子)

_____ .

🔑ヒント▶ 「寝過ごす」: oversleep ／「いつもの8時半の電車」: the 8:30 train she always takes ／
「電車に間に合った」→「電車を catch することができた」と考える。

**❷** 君は昼食までにレポートを書き終えるべきだったのに。 (関西学院)

You _____ .

**❸** 叔父が本をくれたのですが、それは私が思っていたよりも難しかったです。 (関西学院)

My uncle gave me a book, but _____ .

**❹** 私はもっとお金があったら、アメリカの語学学校に英語を勉強しに行ったのですが。(新潟)

_____ .

**❺** 犬が15年生きるのは珍しいことではない。★数字は英語のつづり字で書くこと。 (学習院)

It _____ .

**❻** 私たちの顔は、どのような人生を送ってきたかを端的に表すと言われる。 (関西学院)

Our face is said _____ .

🔑ヒント▶ 「〜を端的に表す」: show clearly 〜／「〜な人生を送る」: live a 〜 life

**❼** 私と兄はしょっちゅう口論する。私が何を言っても彼は賛成しない。 (愛知教育)

_____ .

🔑ヒント▶ 「口論する」: argue

## ❶「（実際に）できた」➡ Lesson 9

「〜の電車に間に合った」→「〜の電車を catch することができた」と考えます。「（実際に）〜できた」には was[were] able to 〜 を使うので、she <u>was able to</u> catch the 8:30 train「彼女は 8 時半の電車に間に合った」とすれば OK です。

その後は「いつもの 8 時半の電車」→「彼女がいつも利用している［乗っている］8 時半の電車」と考え、the 8:30 train <u>{which/that} she always takes[rides]</u> とします。「電車を利用する（に乗る）」には take が便利で、交通に関する英作文では欠かせない単語です。take は本来「とる」で、「電車を（交通手段として）とる」→「利用する」となります。

> | 解答例 |
> Jane overslept this morning, but {even so} she was able to catch the 8:30 train {which/that} she always takes[rides].
> （別解）Jane overslept this morning, but she was {still} able to catch the 8:30 train {which/that} she always takes[rides].

## ❷「〜すべきだったのに」➡ Lesson 10

should have p.p.「〜すべきだったのに」を使い、You should have finished {writing} your report[paper]「君はレポートを書き終えるべきだったのに」とすれば OK です（paper には「レポート」の意味があり、151ページで扱います）。

「昼食までに」は by lunch です。breakfast／lunch／dinner は基本的に無冠詞で使います。ちなみに、「〜までに」は by と till・until を混同する人がいますが、「〜<u>までには</u>（期限）」を表すときは by、「〜までずっと（継続）」なら till・until と考えてください。今回は「〜までには」という期限なので by が適切ですね。

　※ be supposed to 〜「〜することになっている・〜しなければならない」を使って表すことも可能です（詳しくは181ページ参照）。

> | 解答例 |
> You should have finished {writing} your report[paper] by lunch[lunchtime].
> （別解）You were supposed to finish {writing} your report[paper] by lunch[lunchtime].

## ❸「思ったよりも〜」➡ Lesson 11

比較級 than I {had} expected「私が思っていたよりも〜だ」を使って、it was more difficult + than I {had} expected とします。

参考 比較級 than expected「思っていたより〜だ」という表現もあります（受動態の省略形）。これは主語や時制に関係なく常に同じ形で使えるので便利ですが、「自分の予測」なのか「世間（第三者）の予測」なのかがはっきりしません。「自分の予測」と伝えたい場合は I を残したほうがいいでしょう。

My uncle gave me a book, but it was more difficult than I {had} expected.

（別解）My uncle gave me a book, but it was more difficult than I thought {it would be}.

## ❹仮定法過去完了の公式 ➡ Lesson 12

「〜があったら、…しに行ったのですが」に注目して、仮定法過去完了の公式 "If s had p.p. , S would have p.p." を使えば OK です。

If 節は「私はもっとお金があったら」→「私はより多くのお金を持っていたら」と考え、If I had had more money とします。more money「より多くのお金」では more が money を修飾していますが、money は「不可算名詞」なので複数の s はつかない点に注意しましょう。ちなみに、今回のように「〜がある・いる」という日本語を見て、すぐに There is 構文を使うのではなく、have などを利用して SVO で表す発想は英作文でとても大切です（Lesson77参照）。主節は I would have gone to 〜「私は〜に行ったのですが」とします。

If I had had more money, I would have gone to a language school in America[the U.S./the United States] to study English.

## ❺「〜するのは珍しいことではない」 ➡ Lesson 13

It is not uncommon[unusual/rare] for 人 to 〜「人が〜するのは珍しくない」の形を使えば OK です（今回は人に dogs が入ります）。（△）It is not uncommon that 〜 と書いてしまう人が多いのですが、あくまで「犬（全般）が15年間生きる」という一般論なので to を使います（特定の事実ではありませんね）。「〜するのは珍しくない」は英作文での頻出パターンなので、すぐに表現が出るようにしておきましょう。

It is not uncommon[unusual/rare] for dogs[a dog] to live for fifteen years.

## ❻「Sは〜と言われている」 ➡ Lesson 14

日本文「〜と言われる」と Our face is said に注目して、S is said to 〜「S は〜と言われている」の形にします（具体的な名詞が主語なので、（×）Our face is said that 〜 は NG）。後半は「（過去〜現在まで）どのような人生を送ってきたか」と考え、what kind of life we have lived と現在完了形で表します。

Our face is said to show clearly what kind of life we have lived.

## ❼「〜に賛成する」➡ Lesson 15

1文目：日本語は「私と兄」ですが、英語では My brother and I の語順が適切です。「人称代名詞」を並べるとき、普通は「2人称（you）→ 3人称 → 1人称（I）」の順番にします（相手を立てて最初に述べ、自分はへりくだって最後に言うイメージ）。また、頻度の副詞 always／often は「not と同じ位置」に置けば OK です（158ページ参照）。もしくは、文末に all the time「いつも」を加えることもできます。

※ argue の後ろに each other「お互い」を加えても OK ですが、これは「代名詞」なので argue <u>with</u> each other「お互いに口論する」とする必要があります。前置詞 with を忘れないように注意しましょう。

2文目：「（たとえ）私が何を言っても」は、複合関係詞 whatever「たとえ何を〜しても」を使って表します（= no matter what）。「彼は賛成しない」=「彼は<u>私に</u>賛成しない」なので、he never agrees <u>with me</u> とすれば OK です。もしくは「彼は私が言ういかなることにも賛成しない」と考え、He never agrees with anything I say. と表すこともできます。

> | 解答例 |
>
> My brother and I always[often] argue[fight/quarrel]{with each other}. No matter what I say[Whatever I say], he never agrees {with me}.
>
> （別解）My brother and I argue[fight/quarrel]{with each other} all the time. He never agrees with anything I say.

| Q | A | 確認テスト |
|---|---|---|
| ☐「（実際にある場面で一度だけ）できた」を表すには？ | was[were] able to 〜 | |
| ☐「〜すべきだったのに」を表すには？ | should have p.p. ／ ought to have p.p. | |
| ☐「（私が）思ったよりも〜だ」を表すには？ | 比較級 than I {had} expected | |
| ☐ 仮定法過去完了の公式は？ | If s had p.p., S would have p.p. | |
| ☐「人 が〜するのは珍しいことではない」を表すには？ | It is not uncommon[unusual /rare] for 人 to 〜 | |
| ☐「〜と言われている」を表す2パターンは？ | It is said that sv. ／ S is said to 原形 . | |
| ☐「（人・人の意見に）賛成する」は agree with 〜／ agree to 〜 のどっち？ | agree with 〜 | |

## Lesson 16 「因果関係」を語る（1）

🎧 16

**例題**

❶ スマホの利用は、いじめ（bullying）につながると主張する人もいる。

Some people claim that smartphone use _____ .

❷ 彼のストレスの原因は働きすぎだ。

His stress is _____ .

❸ 新聞に書かれているからといって、それが正しいとは限らない。

Just _____ .

　因果表現は「引き起こす」といった訳語をただ覚えるのではなく、「原因」と「結果」の関係を押さえるようにしましょう。たとえば、" 原因 cause 結果 " のように因果関係をキッチリ把握することで、長文読解で瞬時に内容を理解できるだけでなく、英作文でも日本語にとらわれずに正しく使うことができます。さらに " 結果 is caused by 原因 " のような受動態も混乱することなく使えるようになります。

### ▶ 動詞で因果を表すもの

1 原因 V 結果 の形をとるもの　「原因 によって 結果 になる」" → " の矢印
原因 cause 結果　　原因 bring about 結果　　　原因 lead to 結果
原因 contribute to 結果　　原因 result in 結果　　原因 give rise to 結果

2 結果 V 原因 の形をとるもの　「結果 は 原因 によるものだ」" ← " の矢印
結果 result from 原因　　　結果 come from 原因

3 V 結果 to 原因 の形をとるもの　「結果 を 原因 によるものだと考える」
owe 結果 to 原因　　attribute 結果 to 原因

### ▶ 前置詞で因果を表すもの　「〜が原因で」

because of 原因　　　　due to 原因　　　　thanks to 原因 ※主にプラスの原因に使う

※ because of 〜／ due to 〜／ thanks to 〜 などは「前置詞」なので、後ろには必ず「名詞」がきます。
接続詞 because と混同して、（×）because of sv のように文（sv）を続けないように注意してください。

## ▶ 接続詞などで因果を表すもの（前の文との因果を表すもの）

原因 . This is why 結果 .　　　　「原因 だ。こういうわけで 結果 だ」

結果 . This is because 原因 .　　　「結果 だ。これは 原因 だからだ」

原因 . The result is that 結果 .　　「原因 だ。その結果は 結果 だ」

結果 . The reason is that 原因 .　　「結果 だ。その理由は 原因 だ」

## ▶ because を使った重要表現

【 副詞 because ～】　※becauseの直前に副詞を置いて、意味を加えることができる

□ mainly because ～「主に～の理由で」　□ partly because ～「1つには～の理由で」

□ precisely because ～「まさに～の理由で」　□ probably because ～「おそらく～という理由で」

□ just because ～「単に～という理由で」

【「単に～だからと言って、…というわけではない」】

□ Just because ～ , it does not mean[follow] that …

※ Just because ～ が名詞節として使われ、Just because ～ doesn't mean … となる場合もあります。自分で使う必要はありませんが、ニュースなどで頻繁に聞く形です。

## 📖 例題の解説

- - - - - - - - - - - - - - - - - - - - - - - - - - - - - - - - - - - - - - - - - - - - - - - - - -

❶「スマホの利用（原因）→ いじめ（結果）」という関係なので、“原因 lead to 結果”などを使います。bullying「いじめ」もチェックしておきましょう。

❷「彼のストレス（結果）← 働きすぎ（原因）」という関係なので、“結果 is caused by 原因”を使います。“原因 cause 結果”の受動態です。

❸ Just because ～ , it does not mean that … 「～だからといって…とは限らない」の形にします。ちなみに、部分否定を使った Not everything written in the newspaper is correct.「新聞に書かれているすべてが正しいというわけではない」と同じ意味です。

解答例

❶ Some people claim that smartphone use leads to [results in/brings about/causes] bullying.

❷ His stress is caused by overwork [working too much].

❸ Just because something is written in the newspaper, it does not mean that it is correct [accurate/true].

#  Part 1

## Lesson 17 「因果関係」を語る(2)

**例題**　🎧 17

❶ ソーシャルメディア（SNS）のおかげで、私たちは外国人とより簡単に連絡がとれるようになった。

The development of social media _____ .

❷ 私は視力が悪いせいで、パイロット（a pilot）になれなかった。

My poor vision _____ .

❸ この本はあまりに難しくて、私は理解できなかった。

This book was so _____ .

　無生物主語を使った「〜のおかげで…できる」「〜のせいで…できない」という表現はとても大事です。文が引き締まった印象を与えるので、自由英作文でも重宝します。

### ▶ 「S のおかげで 人 は〜できる」

　**1** S enable[allow/permit] 人 to 〜 .
　**2** S make it possible for 人 to 〜 .

　**1** 直訳は「S は 人 が〜することを可能にする［許可する］」で、そこから「S のおかげで 人 は〜できる」となります。英作文では幅広い範囲で使える enable が便利です。
　［例］飛行機のおかげで、人々は地球の反対側に 1 日とかからず移動できるようになった。
　　　Airplanes have enabled people to travel to the opposite side of the world in less than a day.
　※「（過去〜現在にわたって変化して）〜できるようになった（今も〜できる）」ということで、現在完了形でよく使われます。

　**2** make OC「O を C にする」の形で、S make it possible for 人 to 〜「S は 人 が〜することを可能にする」→「S のおかげで 人 は〜できる」と表すこともできます（it は仮 O、to 〜 が真 O ／ "for 人" は意味上の主語）。
　［例］学生ローン（奨学金）のおかげで、誰もが大学に行けるようになった。
　　　Student loans have made it possible for anyone to attend university.

## ▶ 「S のせいで 人 は～できない」

1　S prevent[keep/stop] 人 from -ing.
2　S make it impossible for 人 to ～ .

　　1　直訳は「S は 人 が～するのを妨げる」で、そこから「S のせいで 人 は～できない」となります。
　　［例］ブラッドはパソコンのスキルがいまいちなせいで、事務仕事に就くことができていない。
　　　　　Brad's poor computer skills are preventing him from getting an office job.

　　2　前出（S make it possible for 人 to ～）の possible「可能な」を impossible「不可能な」に変えただけです。直訳「S は 人 が～することを不可能にする」→「S のせいで 人 は～できない」となります。
　　［例］ディミトリの訛りが強いせいで、私たちは彼が言ったことを理解できなかった。
　　　　　Dimitri's strong accent made it impossible for us to understand him.
　補足 特に会話では、直訳した Thanks to X, 人 can ～ .「X のおかげで 人 は～できる」、人 cannot ～ because of[due to] X.「X のせいで 人 は～できない」もよく使われます。

## ▶ so ～ that 構文

　　中学で習う so ～ that ...「とても～なので…だ」は、大学入試の英作文でも非常によく出てきます。so ～ that 構文の 2 つの意味を確認しておきましょう。
　　1　結果：「とても～なので（その結果）…だ」　　　2　程度：「…なくらい～だ」

## 📖 例題の解説

❶「～のおかげで…できた」は S enable 人 to ... を使います。時制は「（過去～現在にわたって）より簡単に連絡がとれるようになった」ということなので、現在完了形が適切です。主語は The development（単数）なので、has enabled となります。

❷「～のせいで…できなかった」は S prevent 人 from -ing. を使います。

❸ 直前の so に注目して、so ～ that ...「とても～なので…だ」の形にします。that は接続詞なので、後ろは（名詞が欠けていない）完全な文になる点に注意してください（今回は文末に it が必要）。

解答例

❶ The development of social media has enabled us to contact[get in touch with/communicate with] foreign people more easily.

❷ My poor vision prevented me from becoming a pilot.

❸ This book was so difficult that I was not able to[could not] understand it.

# Part 1

## Lesson 18 「目的」を語る（1）

18

### 例題

❶ 論理的に話すために、英文法を学ぶ必要があります。

You need to learn English grammar _____ .

❷ 全員に聞こえるように、もっと大きな声で話してください。

Please speak louder _____ can hear {you} .

❸ その試合は、大雨（the heavy rain）のため延期になった。

The game _____ .

「目的」を表す表現と言えば「to 不定詞の副詞的用法」が思いつくと思いますが、英作文では "so that ～ " も便利です。本書で "so that ～ " をしっかり使いこなせるようにしていきましょう。

### ▶ 「～するために・～するように」

```
1 to ～ ／ in order to ～    ※不定詞の副詞的用法
2 so that s 助動詞 v ～      ※主節が過去形のときは、助動詞も過去形にする
```

**1** 副詞的用法にはたくさんの意味があるので、ハッキリ「目的」だと示したいときには "in order to ～ " とします。to ～ 単独よりも少し堅いニュアンスです。

また、to ～以下の主語が主節の主語と一致しない場合は "for 人"（意味上の主語）を加えます。{in order} for 人 to ～「人が～するために」の形です。

［例］彼女が通るために、私は脇へどいた。

　　　I stepped aside in order for her to pass.

補足 so as to ～「～するために」も目的を表しますが、（×）so as for 人 to ～ のように意味上の主語を加えることはできません。さらに、厳密には "I do A so as to B." は「A すれば、B が（自然に）起きる」場合に使われるなどの制限もあるので、自分では使わないほうが無難でしょう。

**2**「これから〜する目的で」と未来を表すので、「未来の目印」として助動詞を使います（will・can など）。主節が「過去形」の場合は、その助動詞も「過去形」に合わせる点に気をつけてください。

［例］会社のデータベースにログインできるよう、パスワードをお教えします。

I'll give you the password <u>so that</u> you <u>can</u> log into the company database.

［例］次に来たとき建物がわかるように、彼女はエントランスの写真を撮った。

She took a picture of the entrance <u>so that</u> she <u>would</u> recognize the building the next time she came. ※後半の the next time は「次に〜するとき」という接続詞

この表現は「意味上の主語」を考える必要がなく、so that s 助動詞 v の "s" で自由に主語を表せるので、英作文ではとても便利です。さらに、in order not to 〜 と違って、堅いニュアンスもありません（口語で頻繁に使われます。また、特に会話では so that 〜 の that がよく省略されます）。

注意 「〜ために」の区別

つい「〜ために」→ in order to 〜 のように機械的に訳す人が多いので、しっかり区別してください。日本語の「〜ために」には、「目的」を表す場合と「原因」を表す場合があります。

---

1 目的「〜が目的で」：to 不定詞／ so that s 助動詞 v

2 原因「〜が原因で」：due to 〜／ because of 〜 など

---

## 📖 例題の解説

❶ ここでの「〜するために」は「目的」なので、{in order} to 〜 を使えば OK です。

❷ 前半は「あなた（たち）」に命令していますが、後半は「<u>全員が</u>（あなたの声を）聞くことができるように」という意味です。主語が異なるので、so that s 助動詞 v 〜 を利用すれば OK です。

❸「大雨のため」＝「大雨<u>が原因で</u>」なので、due to 〜／ because of 〜「〜が原因で」を使います。

解答例

❶ You need to learn English grammar {in order} to speak logically.

❷ Please speak louder <u>so that everyone</u> can hear {you}.

❸ The game <u>was postponed due to</u>[because of] the heavy rain.

# Part 1

## 「目的」を語る（2）

🎧 19

### 例題

❶ 彼女は授業中、スマホが鳴らないように電源をオフにしている。　※ won't を使って

She turns her smartphone off when she is in class _____ .

❷ 親に気づかれないように（親が気づかないように）、彼はそっとドアを開けた。

He opened the door quietly _____ .

❸ コップを割らないように気をつけて。

Be _____ the glass.

「〜しないために」という否定の目的は not to 〜 を考えるかもしれませんが、これは原則 NG です。ここでも "so that 〜" が活躍します。

### ▶ 「〜しないために・〜しないように」

**1** in order not to 〜　　　　　※（×）not to 〜 は原則 NG

**2** so that s won't[can't] v 〜　　※主節が過去形のときは、助動詞も過去形にする

**1** 目的を示す to 不定詞「〜するために」を否定して、（×）not to 〜「〜しないために」とは原則できません。代わりに in order to 〜 を否定して、in order not to 〜「〜しないために」と表すことは可能です（少し堅いニュアンス）。

［例］グレイスは電気を無駄使いしないように、エアコンの電源を切った。

　　　Grace turned off the air conditioner in order not to waste electricity.

注意 care 関係（careful・take care など）の単語と一緒の場合だけ、not to 〜「〜しないように」が使えます。この形が頻繁に使われるため、not to 〜 という形をよく目にするわけですが、これはあくまで例外的な用法であり、原則は NG だとしっかり意識しておきましょう。

［例］電車に乗り遅れないように気をつけなさい。

　　　Be careful not to miss your train.

2 so that s will[can] ～ 「～するために」を否定して、so that s won't[can't] ～ 「～しないために」と表すことができます。主節が過去形の場合は、助動詞も過去形にして so that s wouldn't[couldn't] ～ とする点は先ほどと同じです。意味上の主語（for 人）を加える必要がなくとても使いやすいので、「否定の目的」を表すときは第一に "so that s won't[can't] ～ " を考えるといいでしょう。

[ 例 ] そのアプリが自動更新されないように、私は設定を変更した。

I changed the setting so that the app wouldn't automatically renew.

## 【「目的」を表す表現のまとめ】

| | 「主節のSと一致しない」ときに使える？ | 否定 | ニュアンス |
|---|---|---|---|
| to ～ | ○<br>for 人 to～ | 原則×<br>※care関係の場合は使用可能 | 自然 |
| in order to ～ | ○<br>in order for 人 to ～ | ○<br>in order not to ～ | 少し堅い |
| so as to ～ | ×<br>（×）so as for 人 to～ | ○<br>so as not to ～ | 堅い |
| so that ～ | ○<br>so that s 助動詞 v | ○<br>so that s 助動詞 not v | 自然 |

## 📖 例題の解説

❶ so that s won't ～ 「～しないように」を使います。her smartphone を代名詞 it で受け、so that it won't ring 「スマホが鳴らないように」とすれば OK です。

❷ 同じく so that ～ の形を使いますが、主節の動詞 opened（過去形）に合わせて、so that s wouldn't ～ と助動詞を過去形にする点に注意してください。「親に気づかれないように」＝「親が彼に気づかないように」なので、so that his parents wouldn't notice him とします。

❸ 「～しないように気をつけて」は Be careful not to ～ です。careful ／ take care のときは、例外的に not to ～で「～しないように」を表せます。

解答例

❶ She turns her smartphone off when she is in class so that it won't ring.
❷ He opened the door quietly so that his parents wouldn't notice him.
❸ Be careful not to break the glass.

# Part 1

## Lesson 20 「決定要因」を語る

🎧 20

### 例題

❶ 未来は、我々が今何をするかにかかっている。

The future ＿＿＿＿＿＿＿＿＿＿＿＿＿＿＿＿＿＿＿＿＿＿＿ do in the present.

❷ あなたが大学に合格する (pass) かどうかは、どれだけ一生懸命勉強するかにかかっている。

Whether ＿＿＿＿＿＿＿＿＿＿＿＿＿＿＿＿＿＿＿＿＿＿＿ .

▶ 「A は B によって決まる」

**1** A is determined by B ／ B determine A          **2** A depend on B

**1** determine は「〜を決める」という意味で、受動態 "be determined by 〜"「〜によって決まる」の形でよく使われます。

［例］この会社では、給料はどれだけ長くここで働いてきたかによって決まる。
 At this company, your salary is determined by how long you have worked here.

**2** depend on 〜 は「〜に頼る」の意味が有名ですが、実際には「〜によって決まる・〜次第だ・〜に左右される・〜にかかっている」といった意味でよく使われ、英作文で重宝します。

［例］人生で成功するかどうかは、懸命な努力にかかっている。
 Success in life depends on hard work.

### 📖 例題の解説

------------------------------------------------------------

❶ depend on 〜「〜にかかっている」／ be determined by 〜「〜によって決まる」を使います。

❷ Whether sv {or not}「sv かどうか」と主語を作り、「〜にかかっている」を depend on 〜 で表せば OK です。whether と depend on はよくセットで使われます。

解答例

❶ The future <u>depends on what we</u> do in the present.   ※マハトマ・ガンジーの言葉
（別解）The future <u>is determined by what we</u> do in the present.
❷ Whether <u>you pass the university entrance exam {or not} depends on how</u>
 <u>hard you study</u>.

PART
1

# 「影響・効果」を語る
Lesson 21

🎧
21

## 例題

❶ Brexit は世界経済に大きな影響を与えた。

Brexit had _____ .

❷ 瞑想は多くの人々の集中力に良い効果がある。
めいそう

Meditating _____ many people's ability to concentrate .

---

▶ ## 「〜に 形容詞 な影響を与える・〜に 形容詞 の効果がある」

have a 形容詞 influence[impact/effect] on 〜

※ impact は influence より強く「衝撃を与える」イメージ

on は本来「接触」ですが、A on B で、A が単に B に接触するだけでなく、グイグイと力を加えて「影響を与える」イメージです。和文英訳、自由英作文、そしてスピーキングでも本当に便利な表現なので、必ずマスターしておきましょう。

【「影響・効果」を表す重要表現】　※influenceの代わりにimpact・effectも使えます

☐ have a positive[negative] influence on 〜　「〜に良い [ 悪い ] 影響を与える」

☐ have a big[great/significant] influence on 〜　「〜に大きな影響を与える」

☐ have little influence on 〜　「〜にほとんど影響を与えない」

☐ have a long-term influence on 〜　「〜に長期的な影響を与える」

## 📖 例題の解説

- - - - - - - - - - - - - - - - - - - - - - - - - - - - - - - - - - - - -

❶ have a big influence on 〜「〜に大きな影響を与える」とします。

❷ have a positive effect on 〜「〜に良い効果がある」とします。その後は one's ability to 〜「人 が〜する能力」の形で（119ページ参照）、many people's ability to concentrate 「多くの人々の集中力」となっています。be able to 〜「〜することができる」の able が名詞 ability になり、ability to 〜「〜する能力」に変化したイメージです。

解答例

❶ Brexit had a big influence[impact] on the world[global] economy.

❷ Meditating has a positive effect on many people's ability to concentrate.

# 演習問題

Lesson16 〜 21までの内容に関連した入試問題に挑戦してみましょう。わからないとき
は解説を読み、本文に戻って内容を振り返るようにしてください。

## 問題

❶ 地球温暖化が原因で引き起こされつつあるいくつかの問題は何ですか。 (青山学院)

What are _____ ?

❷ 奨学金のおかげで、私はスイスで3年間学ぶことができた。 (青山学院)

The scholarship _____ .

🔑ヒント › 「スイス」: Switzerland

❸ 連絡がとりやすいように電話番号を教えておきますね。 (日本女子)

_____ .

❹ 言葉の意味は一般的に文脈によって決まる。 (学習院)

The _____ the context.

❺ 結局、スマートフォンは、良い影響と悪い影響の両方を私たちの生活に及ぼしていると思
うよ。 (鹿児島)

_____ .

🔑ヒント › 「結局」: in the end

❻ 居住空間は生活に大きな影響を与えるのだから、後で後悔しないように、最も気に入った
デザインを見つける努力をすべきだ。 (中央)

_____ .

🔑ヒント › 「居住空間」: living space ／ 「〜するよう努力する」: make an effort to 〜

## ❶ 結果 is caused by 原因 ➡ Lesson 16

まず「〜するいくつかの問題は何？」を、What are some problems which[that] 〜 ? とします。そして「問題（結果）← 地球温暖化（原因）」という関係なので、" 結果 is caused by 原因 " を使えば OK です。時制は「進行形＋受動態（be being p.p.）」で、which[that] are being caused by global warming「地球温暖化が原因で引き起こされつつある」とします。global warming「地球温暖化」には冠詞は不要という知識も英作文では重要です。

| 解答例 |
What are some problems which[that] are {currently} being caused by global warming?

## ❷「S のおかげで 人 は〜できる」➡ Lesson 17

日本文「〜のおかげで…できた」と文頭 The scholarship に注目して、S enable 人 to 〜 .「S のおかげで 人 は〜できる」の形にします。「スイス」は Switzerland が正しく、Swiss だと名詞「スイス人」や形容詞「スイス（人）の」となります。
S make it possible for 人 to 〜 .「S のおかげで 人 は〜できる」の形を使っても OK です。

| 解答例 |
The scholarship enabled[allowed] me to study in Switzerland for three years.
（別解）The scholarship made it possible for me to study in Switzerland for three years.

## ❸「目的」を表す ➡ Lesson 18

「（私はあなたに）電話番号を教えておきますね」は、tell 人 物「人 に 物 を伝える・教える」の形を使います。teach は「（技術などをきちんと）教える」で、単に「（相手が知らない情報を）教える」には tell を使ってください（入試の英作文では、圧倒的に tell を使うことが多いです）。
また、その場で思って「教えておくね」と言っているので、I'll 〜 が適切です（I'm going to 〜だと「あらかじめ決めていた予定」になってしまいます）。I'll tell you my telephone number「電話番号を教えておきますね」となります。
そして「あなたが（私に）連絡がとりやすいように」では、主語が主節（I）と異なります。よって、so that s 助動詞 v 〜「〜するために」の形を使うか、意味上の主語を加えて To make it easier[easy] for you to contact me「あなたが私に連絡をとることがより簡単になるように」と表せば OK です。contact は他動詞なので、contact 人「人 に連絡する」の形で使います。

| 解答例 |
I'll tell you my telephone number so that you can contact[get in touch with] me {more} easily.
（別解）To make it easier[easy] for you to contact[get in touch with] me, I'll tell you my telephone number.

## ❹「～によって決まる」➡ Lesson 20

be determined by ～／ depend on ～「～によって決まる」を使います。ここでの「言葉」は1単語を想定して a word でも、「言葉全般」と捉えて可算名詞の総称用法 "無冠詞・複数形" で words としても OK です（149ページ参照）。

また generally は「一般的に・たいてい」を表す場合、頻度の副詞と同じように「not の位置」に置くと考えればカンタンです（158ページ参照）。

| 解答例 |

The meaning of a word is[meaning of words are] generally determined by the context.
（別解）The meaning of a word generally depends on[meaning of words generally depend on] the context.

## ❺「～に 形容詞 な影響を与える」➡ Lesson 21

ここでの「結局」には In the end や Ultimately を使います。多くの受験生が after all と書くのですが、after all は「期待している内容が起きず、結局」という場合に使うので、今回は不自然です（さらに、特に文頭にある場合は「だって～だから」と理由を補足説明することが多いです）。

また、主語は「スマートフォン全般」を表しているので、smartphones（無冠詞・複数形）とします。そして「良い影響と悪い影響の両方を～に及ぼしている」は、have both positive and negative influences on ～ と表せば OK です（both A and B「A と B 両方」）。

| 解答例 |

In the end[Ultimately], I think[believe] {that} smartphones have both positive and negative influences[impacts/effects] on our {daily} lives.

## ❻ 重要表現が詰まった良問 ➡ Lesson19, 21

have a big influence on ～「～に大きな影響を与える」、make an effort to ～「～するよう努力する」（80ページ参照）という重要表現を使います。「後で後悔しないように」は so that s won't ～「～しないように」の形を利用し、so that you won't[don't] regret {your decision[choice]} {later} とすれば OK です。

| 解答例 |

Your living space has a big influence[impact] on your {daily} life, so you should make an effort to[try to] find your favorite design so that you won't[don't] regret {your decision[choice]}{later}.

【参考】「最も気に入ったデザイン」をどう表すか？

「最も気に入ったデザイン」を直訳すると、your favorite design や the design that you like the best となります（favorite 自体に「最もお気に入りの」と最上級の意味が含まれています）。

ただ、これらの表現は「限られた選択肢をすべて比較して決める」ときに使う表現です。今回は「物件を選ぶにあたって、いろいろな物件を見て気に入ったものを見つける」という場面ですが、実際には「見て比較できる物件」は無数に存在する（選択肢が限られていない）ため、最上級を使うのは少し違和感があります。「最上級の範囲を示す表現

がない」とも言えますね。

そのため、「とても気に入ったデザイン」と考え、a design that you really like と表すのが英語としては最も自然です。ただ、大学入試ではここまで考える必要はなく、your favorite design や the design that you like the best で十分得点はもらえるでしょう。

| Q | A | 確認テスト |
|---|---|---|
| □ 「結果 は 原因 によって引き起こされる」を表すには？（cause を使って） | 結果 is caused by 原因 | |
| □ 「S のおかげで 人 は〜できる」を表す2パターンは？ | S enable 人 to 〜. ／<br>S make it possible for 人 to 〜. | |
| □ 主節の S と異なる場合に「目的」を表すには？ | {in order} for 人 to 〜／so that s 助動詞 v | |
| □ to 不定詞を使わずに「〜しないために」を表すには？ | so that s won't[can't] v | |
| □ 「〜によって決まる」を表す2つの表現は？ | be determined by 〜／depend on 〜 | |
| □ 「〜に良い影響と悪い影響の両方を及ぼす」を英語にすると？ | have both positive and negative influences [impacts/effects] on 〜 | |

# Part 1

## Lesson 22 「多い・少ない」を語る

### 例題

❶ 最近はスマホでゲームをする人が多い。

_____ on their smartphones these days[nowadays].

❷ この大学に通っている留学生（international student）は少ない。

_____ this university.

❸ YouTube を頻繁に見る人もいれば、まったく見ない人もいる。

_____ frequently while _____ at all.

「〜する人が多い・少ない」をそのまま英語にするのは難しいのですが、ちょっとした発想の転換で簡単に表せます。

### ▶ 「〜する人が多い」

1 Many people 〜 .
2 The number of people who 〜 is large.

### ▶ 「〜する人は少ない・ほとんどいない」

1 Few people 〜 .
2 The number of people who 〜 is small.

1 「多くの人が〜する」と考えて Many people 〜 . 、「少ない人・ほとんどいない人が〜する」と考えて Few people 〜 . と表せば OK です。「〜する人は数知れない・大挙して〜する」といった様々な日本語も、Many people 〜 . で表せます。

注意 「少ない」を a few とする受験生が多いのですが、a few 〜 は「（少ないけど）存在する・ゼロではない」と言うときに使う（肯定的）ので、意味がずれてしまいます。一方、few 〜 は「ほとんどない・多くない」を表します（否定的）。

2 「〜する人の数が多い・少ない」と考えて、The number of people who 〜 の形も使えます。「数（number）が多い・少ない」には large・small を使う点（167ページ参照）、主語が The number なので動詞は is になる点に注意しましょう。

注意 「〜する人が多い・少ない」という日本語から、（×）The people who 〜 are many[few]. と書いてしまいそうですが、これは避けてください。many や few は普通「限定用法（名詞を修飾する用法）」で使い、叙述用法（補語になる用法）で使うことは稀だからです。

## ▶ 可算名詞には few、不可算名詞には little

「人（people）」以外も同じ発想です。「多い」には可算・不可算ともに使える a lot of 〜 を使えば OK ですが、「少ない・少しある」には few・a few（可算名詞）と little・a little（不可算名詞）を使い分ける必要があります。

1 「〜が少ない」：Few 可算名詞 （複数形）〜 . ／ Little 不可算名詞 〜 .
2 「〜が少しある」：A few 可算名詞 （複数形）〜 . ／ A little 不可算名詞 〜 .

┌─【「〜する人が多い・少ない」のまとめ】──────────

　□ 「〜する人が大半だ」：Most people 〜 .
　□ 「〜する人が多い」：Many[A lot of] people 〜 .
　□ 「〜する人もいる」：Some people 〜 .
　□ 「〜する人が少しいる」：A few people 〜 .
　□ 「〜する人は少ない・ほとんどいない」：Few people 〜 .
　□ 「〜する人はいない」：Nobody[No one] 〜 .

└──────────────────────────────

## 📖 例題の解説

❶ 「多くの人が〜する」と考え、Many people 〜 . とします。ちなみに、「（過去とは違って）最近は」は these days ／ nowadays を使って表します（時制は現在形 or 現在進行形）。それに対して、「（ちょっと前から今までの）最近・この間」を表すときは recently を使ってください（時制は現在完了形 or 過去形）。

❷ 「少ない留学生が〜に通っている」と考え、Few international students go to 〜 とします。international student「国際的な学生」→「留学生」は必ず書けるようにしておきましょう（student from abroad「海外からの学生」→「留学生」も OK）。

❸ 「〜する人もいれば、…する人もいる」は Some people 〜 while others ... で表します（この while は「〜の一方で」という意味の従属接続詞）。後半は not 〜 at all「まったく〜ない」という全体否定です。

解答例

❶ <u>Many people play games</u> on their smartphones these days[nowadays].
❷ <u>Few international students go to</u> this university.
❸ <u>Some people watch YouTube</u> frequently while <u>others do not watch it</u> at all.

# Part 1

**Lesson 23** 「増減」を語る

例題

❶ 田舎に住んでいる人がますます減っている。

_____ the countryside.

❷ 従業員に在宅勤務を許可する会社はますます増えている。

_____ employees to work from home.

❸ 若者のテレビを見る（のに費やしている）時間は減少している。

The _____ .

　前回学んだ表現を少しだけ応用すれば、「〜する人が増えている・減っている」を表すことができます。

## ▶ 「〜する人が増えている」

　**1** More and more people 〜 .
　**2** The number of people who 〜 is increasing.

## ▶ 「〜する人が減っている」

　**1** Fewer and fewer people 〜 .
　**2** The number of people who 〜 is decreasing.

　**1** Many people 〜 .「〜する人が多い」を、比較級 and 比較級「ますます〜だ」の形にして、More and more people 〜 .「ますます多くの人が〜している・〜する人がますます増えている」とします。「今も増えている途中」を表すために、「現在進行形」でもよく使います（もちろん、状態動詞の場合は「現在形」）。その逆も同じ発想で、Fewer and fewer people 〜 . とすれば OK です。

　［例］パンデミック（世界的な流行病）について心配する人がますます増えている。

　　　　More and more people are worried about the pandemic.

　**2** The number of people who 〜 is large.「〜する人の数が多い」を、is increasing ／ is decreasing「増加している／減少している」にすれば OK です。こちらは「グラフを説明する」「統計を分析する」ような客観的な変化を示すときに使う傾向があります。

[ 例 ] 生涯を通じて１つの会社で働く人が減少している。

The number of people who work at one company for their entire careers is decreasing.

**注意**（×）People who ～ are increasing. は不自然です。主語 People が increase「増す・大きくなる」ようになってしまうので、主語を The number にするか、People who ～ are increasing <u>in number</u>.「～する人は<u>数の点で</u>増える」とする必要があります。

## ▶ 「可算・不可算」の区別

「人（people）」以外も同じ発想で OK です。可算名詞（数）には The number of ～、不可算名詞（量）には The amount of ～ を使う点に注意しましょう。

「～が増えている」　※可算名詞は複数形で使う

　1　More and more 可算名詞 ～ . ／ More and more 不可算名詞 ～ .
　2　The number of 可算名詞 is increasing. ／ The amount of 不可算名詞 is increasing.

「～が減っている」　※可算名詞は複数形で使う

　1　Fewer and fewer 可算名詞 ～ . ／ Less and less 不可算名詞 ～ .
　2　The number of 可算名詞 is decreasing. ／ The amount of 不可算名詞 is decreasing.

## 📖 例題の解説

❶ Fewer and fewer people ～ .「～する人がますます減っている」を使います。live は状態動詞なので、基本的に進行形にはしません。

❷ More and more 可算名詞 ～ .「～する 可算名詞 はますます増えている」を使います。動詞は allow 人 to ～「人 が～するのを許可する」の形にすれば OK です。また、work from home「家から働く」→「在宅勤務する」も現代では欠かせない表現なので必ずマスターしておきましょう。

❸ time は不可算名詞なので、The amount of 不可算名詞 which ～ is decreasing.「～する 不可算名詞 は減少している」とします。そして、「若者がテレビを見るのに費やしている時間」は spend 時間 -ing「～するのに 時間 を費やす」を利用し、The amount of time {which/that} young people spend watching TV とすれば OK です。

解答例

> ❶ <u>Fewer and fewer people live in</u> the countryside.
> ❷ <u>More and more companies are allowing</u> employees to work from home.
> ❸ The <u>amount of time {which/that} young people spend watching TV is decreasing</u>.

## Lesson 24 「数字」を表す（1）— 割合

🎧 24

**例題**

❶ 中学生の 3 分の 2 はその映画が好きだ。

_____ the movie.

❷ 日本人の約28％が65歳以上だ。

Approximately _____ at least 65 years old.

❸ アメリカ人の約 6 人に 1 人が国外で生まれた。

About _____ outside of the country.

「数字」関係の表現は対策する機会が少ないのですが、英作文ではとても重要です。長文問題でも「数字」を利用したひっかけ問題がよく出るので、完璧にマスターしておきましょう。

### ▶ 「割合」の表し方

1 分数：分子（基数）→ 分母（序数）　例：one third「3 分の 1」
2 「〜のうち X%」：X percent of 〜　例：six percent of 〜「〜のうち6%」
3 「B 個のうち A 個」：A out of B ／ A in B　例：two out of[in] three「3個のうち2個」

　1 分数は「分子（基数）→分母（序数）」の順番で表します。「基数」は one・two・three、「序数」=「順序を表す数」は first・second・third などです。

　そして、分子が 2 以上のときは、最後に（分母に）複数の s をつけます。1/3は one third ですが、2/3なら1/3が「複数」あると考えられるので、two-thirds となるわけです。

| 1/2 → a[one] half　1/3 → a[one] third　　1/4 → a[one] quarter[fourth] |
| 2/3 → two-thirds　3/4 → three-quarters[fourths] |

※分子と分母をハイフンで結ぶのが基本です。a[one]thirdのように分子が 1 のときはなくても OK ですが、分子が 2 以上の場合、または以下のように「形容詞」として使う場合は、必ずハイフンが必要です（以下では、one-third が名詞 share を修飾しています）。

　［例］日産は日本の自動車市場の 3 分の 1 のシェアを持っている。

　Nissan has a one-third share of the Japanese auto market.

**2** percent は、どんな場合でも複数形（×）percent<u>s</u> にはしません。

［例］京都の大学生のうち78％が親元を離れて暮らしている（一人暮らしをしている）。

Seventy-eight percent of university students in Kyoto live away from their parents.

※数字が文頭にくる場合は、数字（78）ではなく英語（seventy-eight）で表記します。

**3** two out of[in] three「3個のうち2個」のように使います。two <u>out of</u> three なら「3個から2個を取り出す」（out of ～ は「～の中から外へ」）、two <u>in</u> three なら「3個の中の2個」というイメージです。

［例］高校生の3人中2人が政治に興味がないと言っている。

Two out of three high school students say they are not interested in politics.

---

**注意** SV の一致

**1・2** 分数 of 名詞 「名詞の〇分の〇」、X percent of 名詞 「名詞の X％」が主語のときは、動詞は「後ろの名詞」に合わせます。以下の例文では、the human body に合わせて動詞は consist<u>s</u> になっています。

［例］人間の体の70パーセントは水でできている。

Seventy percent of <u>the human body</u> <u>consists</u> of water.

**3** "<u>A</u> out of[in] B" が主語のとき、動詞は「先頭の A」に合わせます。「B の中から A を取り出す」イメージなので、あくまでメインは「A」です。以下の例文では、one に合わせて動詞は take<u>s</u> になっています。

［例］日本の子どもの約6人に1人がスイミングを習っている。

Approximately <u>one</u> out of six children in Japan <u>takes</u> swimming lessons.

## 📖 例題の解説

❶「3分の2」は two-third<u>s</u> です。" 分数 of 名詞 " では「後ろの名詞」に動詞を合わせるので、junior high school students（複数）に合わせて like とします。

❷ X percent of ～「～の X％」の形です。"X percent of 名詞 " では「後ろの名詞」に動詞を合わせるので、Japanese people（複数扱い）に合わせて、be 動詞は are を使います。ちなみに、at least 65 years old は「少なくても65歳」→「65歳以上」です。

❸ A out of B ／ A in B「B 人のうち A 人」の形を使い、About one out of[in] six Americans「アメリカ人の約6人に1人」とします。動詞は先頭の A に合わせるので、one（単数）に合わせて was born とする点に注意しましょう。

解答例

❶ <u>Two-thirds of junior high school students like</u> the movie.

❷ Approximately <u>28 percent of Japanese people are</u> at least 65 years old.

❸ About <u>one out of[in] six Americans was born</u> outside of the country.

# Part 1

## 「数字」を表す(2)
## ― まとまった数字

🎧
25

**例題**

❶ そのフェスには何万人ものファンが来場した。

_____ that festival.

❷ 携帯電話は1990年代にますます普及した（人気になった）。

_____ throughout _____ .

❸ モーツァルトは30代半ばで亡くなった。

Mozart died _____ .

---

▶ 「何十もの〜」などの表現

---

□「何十もの〜」：dozens of 〜              ※ dozen「ダース・12」
□「何百もの〜」：hundreds of 〜
□「何千もの〜」：thousands of 〜
□「何万もの〜」：tens of thousands of 〜        ※10×1000 ＝ 1万
□「何十万もの〜」：hundreds of thousands of 〜    ※100×1000 ＝ 10万
□「何百万もの〜」：millions of 〜              ※ million「100万」
□「何千万もの〜」：tens of millions of 〜         ※10×100万 ＝ 1000万
□「何億もの〜」：hundreds of millions of 〜       ※100×100万 ＝ 1億
□「何十億もの〜」：billions of 〜              ※ billion「10億」

---

「何十もの〜」は dozens of 〜 が最も一般的です。dozen は「12個（1ダース）」ですが、dozens of 〜 で「何ダースも」→「何十もの〜」を表すようになりました。

　［例］ポールが休暇から帰ってくると、郵便受けに何十通もの手紙が入っていた。

　　　There were dozens of letters in Paul's mailbox when he came back from vacation.

**注意** dozen ／ hundred ／ thousand ／ million ／ billion は上記の表現以外では、基本的に複数形にはしません。たとえば、「300人」は three hundred people です。

## ▶ 「〜年代」「〜歳代」「〜世紀」

**1**「〜年代」：the 数字 s　　　　　例：the 1990s「1990年代」
**2**「〜歳代」：one's 数字 s　　　　例：my thirties「(私の) 30歳代」
**3**「〜世紀」：the 序数 century　　例：the 21st[twenty-first] century「21世紀」

**1** the + 複数形は「みんなで特定できる複数形」→「特定集団」を表します（167ページ参照）。the 1990s は「1990 〜 1999年までの特定集団」→「1990年代」です。

**2**「〜歳代」には「人称代名詞（所有格）」を使います。これも the と同じく「特定」を表し、my thirties なら「(私の) 30 〜 39歳までの特定集団」→「30歳代」となります。

**3**「〜世紀」は「序数」を使って the 序数 century と表します。「20世紀」なら the 20th[twentieth] century、「21世紀」なら the 21st[twenty-first] century です。「20番めの」と言えば共通認識できるので、基本的に序数には共通認識を表す the がつきます。

［例］本書を読む人のほとんどは21世紀生まれだ。

Most of the people who read this book are born in the 21st[twenty-first] century.

補足 early・mid-・late をつけて、「前半」「半ば」「後半」を表すことができます。mid だけは単語ではないので "mid-" とハイフンをつけて使います。

［例］「1990年代前半」：the early 1990s ／「1990年代半ば」：the mid-1990s ／
「1990年代後半」：the late 1990s

## 📖 例題の解説

❶「何万もの〜」はtens of thousands of 〜 です。「何万人ものファンが〜に行った [来た]」と考え、Tens of thousands of fans went[came] to 〜 とします（一般的なニュース記事であれば went、主催者側の発言であれば came が自然）。

❷「携帯電話はますます普及した」→「携帯電話はますます人気になった」と考え、Cell phones became more and more popular とします（主語は総称用法 "無冠詞・複数形"／ more and more 〜「ますます〜」）。「1990年代」は the 数字 s「〜年代」の形で、the 1990s とすれば OK です。

❸「30代半ばで」は in one's 数字 s「〜歳代で」の形で、in his mid-thirties とします。「30代半ばの範囲の中で」ということなので、前置詞は in が適切です。

解答例

❶ Tens of thousands of fans went[came] to that festival.
❷ Cell phones[Mobile phones] became more and more popular throughout the 1990s.
❸ Mozart died in his mid-thirties. ／ Mozart died when he was in his mid-thirties.

# 演習問題

Lesson22 〜 25までの内容に関連した入試問題に挑戦してみましょう。わからないとき
は解説を読み、本文に戻って内容を振り返るようにしてください。

## 問題

❶ そのパーティーに参加した人はとても少なかった。 （東京歯科）

_____ .

❷ 実際に、繊細なコミュニケーションが苦手な子どもや若者が増えているのです。 （大分）

_____ .

🔑ヒント ＞ 「繊細なコミュニケーション」: communicating delicately

❸ 新聞によれば、高校生の3分の1は眼鏡をかけている。 （ノートルダム清心女子）

The newspaper _____ .

❹ 20代の頃、自分がやりたいことと、他人が私にやってほしいと望むことを切り離すのは
難しかった。 （中央）

When _____ .

🔑ヒント ＞ 「A と B を切り離す」: separate A from B

## 解説＆解答例

### ❶「〜する人はとても少ない」➡ Lesson 22

「〜した人はとても少なかった」→「とても少ない人が〜した」と考え、Very few people 〜 とし
ます。「パーティーに参加した」は attended[went to] the party で、attend（他動詞）は直後に
目的語をとる点に気をつけてください。

※ take part in 〜／participate in 〜「〜に参加する」は、「本人も全体の一部を担う・本人にも役割がある活動的
なこと」に使われる傾向にあるため、（△）take part in the party／participate in the party はやや不自然です。

| 解答例 |
Very few people attended[went to] the party.

### ❷「〜する人が増えている」➡ Lesson 23

「〜な子どもや若者が増えている」は、more and more children and young people 〜 ／ the
number of children and young people who 〜 is increasing とします。「〜が苦手」は「〜が
得意でない」と考え、be good at 〜「〜が得意だ」を利用するとラクでしょう。このように「肯定」
と「否定」を入れ替える発想は英作文でとても役立ちます。

| 解答例 |
Actually[In fact], more and more children and young people are not good at[do not like/are poor at] communicating delicately.

（別解）Actually[In fact], the number of children and young people who are not good at[do not like/are poor at] communicating delicately is increasing.

## ❸「分数」の表し方／SVの一致に注意 ➡ Lesson 24

「新聞によれば～」→「新聞が～と言っている」と考え、The newspaper says that ～ とします（82ページ参照）。「高校生の３分の１」は one third of high school students です。

wear は「着る」と覚えているかもしれませんが、帽子・眼鏡・コンタクトレンズなど「身につける」ものには何でも使えます（動詞は "分数 of 名詞" の「後ろの名詞」に合わせるので、high school students に合わせて wear とします）。ちなみに、「眼鏡」はレンズが２枚あるので、常に複数形 glasses で使う点に注意しましょう。

―【「着る・身につける」の区別】――――

① put on：「着る・身につける」※１回きりの動作

② wear：「着ている・身につけている」※状態

別解として「高校生の３分の１」→「高校生の３人に１人」と考え、A out of[in] B「B 人中 A 人」も使えます。動詞は「先頭の A（one）」に合わせて、wears にします。

| 解答例 |
The newspaper says that one third of high school students wear glasses.

（別解）The newspaper says that one out of[in] three high school students wears glasses.

## ❹ in one's 数字 s「～歳代に」 ➡ Lesson 25

文頭に When があるので、「20代の頃」→「私が20代だったとき」と考え、When I was in my twenties とします。「A と B を切り離すのは難しかった」は仮主語構文を使い、it was difficult to separate A from B とします。そして関係代名詞 what を用いて、A は what I wanted to do「自分がやりたいこと」、B は what other people wanted me to do「他人が私にやってほしいと望むこと」とすれば完成です（want 人 to ～「人 に～してほしいと思う」）。

| 解答例 |
When I was in my twenties, it was difficult to separate what I wanted to do from what other people wanted me to do.

| Q | A 確認テスト |
|---|---|
| □「～する人はとても少ない」を表すには？ | Very few people ～ . |
| □「～する子どもや若者が増えている」を英語にすると？ (more を使って) | More and more children and young people ～ . |
| □「高校生の３分の１」を英語にすると？ | one third of high school students ／ one out of[in] three high school students |
| □「私が20代だったとき」を英語にすると？ | when I was in my twenties |

## Lesson 26 「強調・対比」を表す

### 26

### 例題

❶ 腹が立ったのは、彼の発言（そのもの）ではなく、その言い方だ。

It _____ that made me angry.

❷ 大切なのは、決して発言ではなく行動だ。

What _____ .

❸ もっと大切なことは、毎日少しずつ勉強することだ。

What _____ a little bit every day.

「強調構文」は読解だけでなく英作文でも便利です。また、これに関連して「大切なことは〜」という表現も押さえておきましょう。

## ▶ 強調構文

基本形：It is not A but B that 〜 .「〜なのは決して A ではなく、実は B なんだ」

強調構文は It is ... that 〜 . の形で、「It is と that を隠して文が成立すれば強調構文」と習ったかと思いますが、これは長文の中で強調構文を「確認するとき」に使う方法です。積極的に自分で「書く」ためには「対比が前提にある」ことを意識しないといけません。

［ 例 ］人間の最良の友になるのは猫ではなく、犬だ。

It is not cats but dogs that are man's best friend.

補足 not so much A as B「A というよりむしろ B」もたまに使われます（例：It is not so much A as B that 〜 .「〜なのは、実は A というより、むしろ B だ」）。

この基本形から、"not A" や "but B" を前後に移動した以下の形もよく使われます。

【強調構文の頻出パターン】

1 "not A" を強調する場合：It is not A that 〜 , but B. ／ It is not A that 〜 . B.
2 "but B" を強調する場合：It is B that 〜 , not A. ／〜 not A. It is B that 〜 .

## ▶ 「大切なことは〜」の表し方

1 「大切なことは〜」：What is important is 〜 .

2 「もっと大切なことは〜」：What is more important is 〜 .

（×）Important thing is 〜 . と書く人が多いのですが、thing を使うには冠詞が必要です。関係代名詞 what を使って、What is important is 〜 . と表すほうがラクでしょう（冠詞の有無や使い分けを考える必要がなくなります）。

［例］大事なことは、顧客の声に耳を傾けることだ。

What is important is to listen to your customers.

［例］もっと大事なことは、ベストを尽くすかどうかだ。

What is more important is whether {or not} you do your best.

補足 バリエーションとして、What matters is 〜 . ／ What counts is 〜 . 「大切なことは〜」と表すこともできます。matter と count はともに「重要である」という意味の動詞です。matter は本来「中身が詰まった」というイメージで、そこから名詞「もの・こと」、動詞「中身にものが詰まっているので大切だ」→「重要だ」となりました。count は「数える」→「（数に入れるくらい）重要だ」です。

## 📖 例題の解説

❶ 強調構文の基本形 "It is not A but B that 〜 ." 「〜なのは決して A ではなく、実は B なんだ」を使って、It was not what he said but how[the way] he said it that 〜 とします。「彼の発言」→「彼が言ったこと」は what he said と表せば OK です。that 以下は make OC の形で、made me angry 「（〜によって）私は腹が立った」となっています。

❷ What is important is not A, but B. 「大切なのは A ではなく、B だ」の形にします。「行動」→「していること」は what you do と表せば OK です（you は「総称」用法）。ちなみに、強調構文を使った、It is not what you say but what you do that matters. も同じ意味になります（matter は動詞「重要である」）。

❸ What is more important is 〜 「もっと大切なことは〜」という表現を使います。The more important thing is 〜 も OK ですが、冠詞のミスが目立つので、what を使って表せるようにしておきましょう。

解答例

❶ It was not what he said but how[the way] he said it that made me angry.

❷ What is important is not what you say, but what you do.

（参考）It is not what you say but what you do that matters.

❸ What is more important is to study a little bit every day.

73

## Lesson 27 「類似・相違」を語る

🎧 27

**例題**

❶ 学校によって、制服の着用に関する方針（policy）は様々だ。

Different ＿＿＿＿＿＿＿＿＿＿＿＿＿＿＿＿ about wearing school uniforms.

❷ 移民に対する意見は人によって様々だ。

Opinions about immigrants ＿＿＿＿＿＿＿＿＿＿＿＿＿＿＿.

❸ ノートパソコンとタブレットは持ち運びやすさが違う。

Laptops ＿＿＿＿＿＿＿＿＿＿＿＿＿＿＿ how portable they are.

「〜によって様々だ」を英語にするのは意外と難しいのですが、「主語をずらす」ことで簡単に表せる場合があります。以下の4パターンを知っておくといいでしょう。

### ▶ 「〜によって様々だ」：different や every を使うパターン

1 Different 複数名詞 have different 複数名詞 .
2 Every 単数名詞 has its[their] own 単数・複数名詞 .

**1** 直訳は「様々な 複数名詞 は様々な 複数名詞 を持っている」です。以下は、「様々な宗教が様々な信仰を持っている」→「宗教によって信仰は様々だ」ということですね。

　［例］宗教によって信仰は様々だ。　Different religions have different beliefs.

**2** 直訳は「それぞれの 単数名詞 は、自分（独自）の〜を持っている」で、そこから「単数名詞 によって〜は様々だ」となります。

　［例］国によって祝日は異なる。　Every country has its own national holidays.

### ▶ 「〜によって様々だ」：動詞 vary・differ を使うパターン

1 S vary[differ] from 単数名詞 to 単数名詞 .
2 S vary[differ] depending on ...

**1** 動詞 vary・differ「異なる・様々である」で表すパターンです。後ろの from 〜 to ... では「無冠詞・単数形」を使う点に注意してください。from region to region「地域から地域へ」→「地域によって」のように使います。

［例］雑煮の味や色は地域によって様々だ。

　　The flavor and color of *zoni* varies from region to region.

※ここで from 〜 to ... の形をとる名詞は、region/country/person/culture/day/week/year など限りがあります。

**2** depend on 〜 を depending on 〜「〜によって」と前置詞扱いした表現です。

［例］幹線道路の交通量は、時間帯によって異なる。

　　The amount of traffic on the highway varies depending on the time of day.

## ▶ 「異なる・似ている」：前置詞 in がポイント

**1**「A と B は〜の点で異なる」：A is different from B in 〜 . ／ A and B differ in 〜 .

**2**「A と B は〜の点で似ている」：A is similar to B in 〜 . ／ A and B are alike in 〜 .

**1** は be different from 〜「〜と異なる」や動詞 differ「異なる」、**2** は be similar to 〜「〜に似ている」や形容詞 alike「似ている」を使っています。

　後ろの前置詞 in は「範囲・分野（〜において）」を表す用法です。また、後ろに文が続くときは、従属接続詞 in that 〜「〜という点で」を使います。

## ▶ 「異なる・似ている」：前置詞 like 関係

**1**「A と違って、B は〜」：Unlike A, B 〜　　**2**「A と B は似ている」：A is {just} like B

前置詞 like は「〜のような」で、それを否定すると <u>un</u>like「〜と違って」となります。

## 📖 例題の解説

- - - - - - - - - - - - - - - - - - - - - - - - - - - - - - - - - - - - - - - - - -

❶「学校によって方針は様々」→「様々な学校は様々な方針を持っている」と考え、Different 複数名詞 have different 複数名詞 . の形にすれば OK です。

❷ 文頭に Opinions があるので、S vary[differ] from 単数名詞 to 単数名詞「S は〜によって様々だ」の形を使います。from person to person「人によって」と無冠詞・単数形を使う点に注意が必要です。ちなみに、different を使って Different people have different opinions about immigrants. と表すこともできます。

❸「〜は持ち運びやすさ<u>の点において</u>異なる」と考え、A is different from B <u>in</u> 〜 . ／ A and B differ <u>in</u> 〜 .「A と B は〜の点で異なる」の形を使います。ちなみに、後ろでは「持ち運びやすさ」→「どれほど持ち運びやすいか」と考え、how portable they are と表しています。こういった疑問詞で表す発想は、英作文でとても役立ちます（Lesson72参照）。

解答例

❶ Different <u>schools have different policies</u> about wearing school uniforms.

❷ Opinions about immigrants <u>vary[differ] from person to person</u>.

❸ Laptops <u>are different from tablets in</u> how portable they are.

（別解）Laptops <u>and tablets differ in</u> how portable they are.

# Part 1

## Lesson 28 「変化」を語る

### 例題

❶ 彼はその映画を見て、SF 映画が好きになった。

_____ like science fiction movies after watching that movie.

❷ いつピアノが弾けるようになったの？　※ learn を使って

_____ ?

❸ 英語をよりスラスラ話せるようになった。

I speak _____ .

「〜するようになる」を表すとき、（×）become to 〜は使えません。"come/get/learn + to 〜" の正しい使い方を押さえたうえで、他の表現方法も確認しておきましょう。

## ▶ 「〜するようになる」　※（×）become to 〜 は使えない！

1 come to 〜　　※「（だんだんと気持ち・認識が変化して）〜するようになる」
2 get to 〜　　　※「（ラッキーなことに）〜するチャンスを得る」
3 learn to 〜　　※「（努力・体験を通して）〜できるようになる」

　**1** come to 〜 の後ろには主に「心の動き（気持ち・認識の変化）」を表す動詞がきます（like/love/dislike/hate/feel/think/understand/realize/know など）。また、「時間をかけてだんだんと変化する」様子を表すことが多いです。

　［例］私はお金で幸せは買えないとわかってきた。

　　　I have come to realize that money does not buy happiness.

注意 come to see me「私に会いにやって来る」のような形もありますが、これは不定詞の副詞的用法の目的「〜するために」です。see は「心の動き」を表す動詞ではないですよね。

　**2** get to 〜 も「〜するようになる」と訳されますが、これは「（ラッキーなことに）〜するチャンスを得る」というニュアンスでよく使われます。

　［例］私たちはコンサートの後、その歌手に会うことができた。

　　　We got to meet the singer after the concert.

　※「会う機会があってラッキー！」という気持ちが込められています。

3 learn to 〜 は「(努力・体験などを積んで)〜できるようになる」という意味です。

　［例］カーブ(curveball)を投げられるようになるには、かなりの練習が必要だ。

　　　　It takes a lot of practice to learn to throw a curveball.

## ▶ その他の「〜するようになる」の表し方

(×) become to 〜 は NG ですが、もちろん become 形容詞「形容詞の状態になる」で「〜するようになった」を表せる場合もあります。

　［例］私は次第に歴史に興味を持つようになった。

　　　　I gradually became {more and more} interested in history.

　その他にも、比較表現を使ったり(例題❸)、make OC を使ったりすることもできます。また、動作の場合であれば start[begin] to 〜「〜し始める」も使えます。

※「〜しなくなる」は、no longer 〜「もはや〜ない」や stop -ing「〜するのをやめる」を使えば OK です。

補足　come to 〜 や become は使いすぎない!

日本語はそれほど因果関係を重視せず、まるで自然に生まれたかのような発想で「(成り行きで・自然と)〜になる」という言い方が多用されます。

一方、英語は因果関係を重視するため、「なる」という発想が日本人ほどありません。そのため、「〜になる」を come to 〜 や become を使ってすべて英語にするのではなく、以下のように動詞だけで表したほうが自然な英語になることも多いです。

　［例］今度の6月に結婚することになりました。　We are getting married next June.

## 📖 例題の解説

❶「〜が好きになった」には come to 〜 を使います。He came to like 〜 で、「彼の気持ちが徐々に変化して、好きになった」様子を表せます。

❷「ピアノが弾けるようになった」は、learn to 〜 を使って表します。learn to 〜 は「(技術などを)習得する」場面で使える便利な表現です。

❸ 文頭の I speak から「現在形」だとわかります。「(今は)以前よりも英語をスラスラ話している」と考え、比較級 than before／比較級 than I used to「以前より〜だ」を利用すれば OK です。

解答例

❶ He came to like science fiction movies after watching that movie.

❷ When did you learn to play the piano?

❸ I speak English more fluently than {I did} before.
　(別解) I speak English more fluently than I used to.

# Part 1

## Lesson 29 「対策」を語る

🎧 29

### 例題

❶ 今、私たちは難しい問題に直面している。

Now _____ with a difficult problem.

❷ 学校はいじめ問題に早急に対処すべきだ。

Schools _____ right away.

❸ 世界中の国が地球温暖化に対して対策をとるべきだ。

Countries around the world _____ .

　長文でも、英作文でも「ある問題に直面している」→「どう対処する？・どう対策をとる？」という流れは頻出です。地味な単語・熟語に思えるかもしれませんが、英作文では本当によく狙われます。

▶ 「人は物に直面する・している」

　　1 人 face 物 .　　2 人 is faced with 物 .

　1 face は「～に直面する」という他動詞なので、人 face 物「人は物に直面する」の形をとります（face の直後に前置詞は不要）。face a crisis「危機に直面する」、face a challenge「課題に直面する」のように使われます。

　［例］日本は財政危機に直面している。　Japan is facing a financial crisis.

※上の例文のように「国」が主語のときは face 物 の形を使う傾向にありますが、入試では 1 と 2 の使い分けをそれほど気にする必要はありません。

　2 face 人 with 物「人に物を直面させる」の受動態で、人 is faced with 物「人は物を直面させられる」→「人は物に直面している」となります。

　［例］多くの労働者が解雇されるかどうかに関する不安に直面している。

　　　　Many workers are faced with uncertainty about whether they will be laid off.

　　　※ uncertainty「不安」、lay off ～「～を解雇する」

78

## ▶ 「～に対処する」

**1** deal with ～　　**2** cope with ～

**1** with は「関連（～について）・相手（～に対して）」を表し、deal with ～ で「～について・～に対して扱う」→「～に対処する」となります。
［例］我々のサービス部門は顧客の不満に対処している。
Our service department deals with customers' complaints.
**2** cope with は「大変なことや悲しみをどうにか乗り切る」イメージでよく使われます。
［例］その子は父の死に向き合わなければ（父の死を乗り越えなければ）ならなかった。
The child had to cope with her[his] father's death.

## ▶ 「対策をとる」

**1** take measures[steps] to ～「～するための対策をとる」
**2** take measures[steps] against ～「～に対して対策をとる」

measure は「巻尺（メジャー）」から「測定する」の意味は問題ないと思いますが、「キチっと測って対策する」→「対策・手段」という意味も大切です。take measures「対策をとる」の形をしっかり押さえておきましょう（この意味の場合、複数形 measures で使います）。
［例］難民を減らす対策を講ずるべきだ。
We should take measures to reduce the number of refugees.
補足 take action against ～「～に対して行動をとる・措置を講じる」や、do something about ～「～について何かする」→「対処する・対策をとる」という表現もよく使います。

## 📖 例題の解説

------------------------------------------------

❶ 後ろに with があるので、be faced with ～「～に直面している」とします。
❷ deal with ～「～に対処する」を使います。the bullying problem「いじめ問題」という表現も英作文では大事です。
❸ take measures[steps] against ～「～に対して対策をとる」を使います。global warming「地球温暖化」は無冠詞で使う点に注意しましょう。

解答例

❶ Now <u>we are faced</u> with a difficult problem.
❷ Schools <u>should deal with the bullying problem</u> right away.
❸ Countries around the world <u>should take measures[steps] against global warming</u>.

## 「努力」を語る

例題

❶ ティムは弟に優しくしようと努力している。

Tim is making _____ .

❷ その会社は、顧客サービスの改善により力を入れるべきだ。

The company should put _____ its customer service.

❸ 将来物価（prices）が上がることを心に留めておきなさい。

Bear _____ .

「努力する・心がける」といった表現は、「夢・成功・人生」に関する英作文でも頻出ですし、自由英作文やスピーキングで「自分が努力したこと」を伝えるときにも役立ちます。

## ▶ 「〜するよう努力する」

**1** work[try] {hard} to 〜

**2** make an effort to 〜

**3** put effort into 〜

**1** work は「仕事する」が有名ですが、本来は「がんばる」という意味です（「仕事をがんばる」→「仕事する」となっただけです）。hard を利用して、work［try］<u>hard</u> to 〜の形でよく使います。

［例］彼女は夢を叶えるために、一生懸命努力した。

She worked hard to realize her dream.

**2** effort は可算名詞として扱い、make <u>an</u> effort to 〜 とします。間に形容詞を入れて、make a <u>great</u> effort to 〜「〜するよう懸命に努力する」と表すことも可能です。

［例］全従業員、会社の製品について知るよう努力することが求められている。

All employees are expected to make an effort to learn about the company's products.

**3** ここでのeffortは不可算名詞扱いで、put effort into ～ とするのが一般的です。直訳「努力（effort）を～の中へ（into ～）置く（put）」→「～に力を入れる・～するよう努力する」となりました。more を加えた、put <u>more</u> effort into ～「～により力を入れる」も便利です。

　［例］デニスは仕事に行くとき、専門家らしく見えるように努力している。

　　　Dennis puts effort into looking professional when he goes to work.

注意 「チャレンジする」の使い分け

「マラソンに<u>チャレンジする</u>」を、（×）<u>challenge</u> marathon としてはいけません。challenge は「（人に）挑む」や、学者が他の学者や意見に「挑む」→「異論を唱える」です。「チャレンジする」には try を使ってください（try to run a marathon など）。

1　try「チャレンジする」　2　challenge「（戦いを人に）挑む／異論を唱える」

## ▶ 「～を心に留める」

1　keep［bear］～ in mind ／ keep［bear］in mind that sv

2　remember ～／ remember that sv

keep ～ in mind は keep OC「O を C に保つ」の形で、直訳「～を心の中（in mind）に保つ」→「～を心に留める」となりました。" ～ " に sv がくる場合は、keep in mind that sv とします。

　［例］他国の人に電話をかけるときは、時差を心に留めておきなさい（時差に注意しなさい）。

　　　When you call someone in another country, be sure to keep［bear］the time difference in mind.

## 📖 例題の解説

❶ make an effort to ～「～しようと努力する」を使います。「～に優しい・親切な」は be kind to ～ です。

❷ put <u>more</u> effort into ～「～により力を入れる」とします。この表現は英作文やスピーキングでもとても役立ちます。

❸ Bear in mind that sv.「sv することを心に留めておく」の形にします。「物価」は意外と英語にするのが難しいですが、複数形 prices を使えば OK です。

解答例

❶ Tim is making <u>an effort to be kind to his {little/younger} brother</u>.

❷ The company should put <u>more effort into improving</u> its customer service.

❸ Bear <u>in mind that prices will increase［rise］in the future</u>.

## Lesson 31 「引用元」を示す

🎧 31

### 例題

❶新聞によれば、昨日、茨城県で地震があったようだ。

_____, there was an earthquake in Ibaraki prefecture yesterday.

❷多くの研究によって、外国語を学ぶことは脳に良いことがわかっている。

A _____ studying a foreign language is good for your brain.

### ▶ 「〜によると」 ※「情報源」を示す

**1** according to 〜　　**2** 〜 say that sv

**2** は " 情報源 say{s} that sv 〜 " で、「情報源は〜と言っている」→「情報源によると〜だ」となります。The newspaper says {that} sv.「新聞によれば sv だそうだ」／ The weather forecast says {that} sv.「天気予報によれば sv だそうだ」のように、「出版物」や「天気予報」に say が使えます。

### ▶ 「研究によって sv がわかっている」

研究 show {that} sv　　※主語には「研究（者）・実験・結果・データ」がくる

show 以外に、tell「伝える」、find「発見する」、reveal「明らかにする」、indicate「示す」、suggest「示唆する」、prove ／ demonstrate ／ confirm「証明する」が頻出です。

### 📖 例題の解説

❶ according to 〜「〜によると」を使えば OK です。ちなみに、「地震が<u>起こる</u>」を表す場合は、今回のように There is 構文が便利です。

❷「多くの研究によって〜がわかっている」→「多くの研究は〜を示している」と考え、A lot of research shows[has shown] that 〜 とします（research は不可算名詞）。

解答例

❶ <u>According to the newspaper</u>, there was an earthquake in Ibaraki prefecture yesterday.

❷ A <u>lot of research shows[has shown] that</u> studying a foreign language is good for your brain.

# Lesson 32 「役割」を語る

🎧 32

## 例題

❶ 畳は日本の家において重要な役割を果たしている。

Tatami mats _____ .

❷ 教育は貧困を減らすうえで、主要な役割を果たしている。

_____ reducing poverty.

## ▶ 「～において 形容詞 な役割を果たす」

play a 形容詞 role[part] in ～ 　※ in は「分野・範囲（～において）」を表す

単語・熟語帳ではそれほど重視されませんが、長文、和文英訳、自由英作文、スピーキングでとても大事な表現です。以下を使いこなせるようにしておきましょう。

【「役割」を表す頻出表現】

□ play an important[significant/vital/crucial など ] role in ～
「～において重要な役割を果たす」
□ play a central role in ～ 「～において中心的な役割を果たす」
□ play a major role in ～ 「～において主要な［重要な］役割を果たす」
□ play a minor role in ～ 「～で重要な役割を果たしていない」
□ play a leading[leadership] role in ～ 「～において指導的な役割を果たす」

## 📖 例題の解説

- - - - - - - - - - - - - - - - - - - - - - - - - - - - - - - - - - - - - - - - - -

❶ play an important role in ～「～において重要な役割を果たす」を使います。
❷ play a major role in ～「～において主要な役割を果たす」を使います。

解答例

❶ Tatami mats play an important role in Japanese homes[houses].
❷ Education plays a major role in reducing poverty.

# Part 1

## Lesson 33 「傾向・確率」を語る

### 33

### 例題

❶ 私の学校の校長先生は話が長くなりがちだ。

The principal at my school _____ .

❷ 富士山は今世紀に再び噴火する可能性が高いと言う科学者もいる。

_____ erupt again this century.

---

「〜する可能性が高い」を直訳するのは大変（The possibility that 〜 is high.）ですが、以下の表現を使えば簡単です。

**1**「〜する傾向がある・〜しがちだ」： tend to 〜／ have a tendency to 〜

　　　　　　　　　　　　　　be apt[liable/prone/inclined] to 〜

**2**「〜する可能性 [ 確率 ] が高い・〜しそうだ」： be likely to 〜

**1** apt/liable/prone/inclined はすべて形容詞なので、直前に be 動詞が必要です。これらはマイナスのことにしか使えないなどの制限があるので、tend to 〜 がいちばん便利でしょう（こちらは be 動詞は不要）。

※「〜する傾向がある」→「よく〜する・普通は〜する」などと考え、S often V ／ S usually V と表せる場合もあります。

**2** be likely to 〜 は「〜する可能性 [ 確率 ] が高い・〜しそうだ・〜しやすい」など、様々な日本語に対応する便利な表現です。

### 📖 例題の解説

- - - - - - - - - - - - - - - - - - - - - - - - - - - - - - - - - - - - - - - - - - -

❶ tend to 〜「〜する傾向がある・〜しがちだ」を使います。「話が長くなりがち」→「長い間話しがち」と考え、tends to talk for a long time とすれば OK です。

❷「〜と言う科学者もいる」は Some scientists say 〜 とします（63ページ参照）。その後は be likely to 〜「〜する可能性が高い」を使えば OK です。

解答例

❶ The principal at my school <u>tends to talk for a long time</u>.

❷ <u>Some scientists say {that} Mt. Fuji is likely to</u> erupt again this century.

## Lesson 34 「日常生活」を語る（1）

34

**例題**

❶若者はスマホを使うのに多くの時間を費やしている。

Young people ＿＿＿＿＿＿＿＿＿＿＿＿＿＿＿＿＿＿＿＿ .

❷日本政府は教育にもっとお金を使うべきだ。

The Japanese government ＿＿＿＿＿＿＿＿＿＿＿＿＿＿＿ .

【spendの語法】

1  spend 時間 {in/on} -ing「〜して 時間 を過ごす」 ※直訳「〜するのに 時間 を費やす」

2  spend お金 on[for] 〜「〜に お金 を使う」 ※ "〜" の部分に -ing がきても OK

1 in は省略されることがほとんどです。spend 時間 -ing「〜して 時間 を過ごす」は基本事項で文法問題でもよく問われますが、英作文でも大事です。

［例］ジェームズは、1時間かけて妹の宿題を手伝った。

James spent an hour helping his sister with her homework.

※ help 人 with 物「人 の 物 を手伝う」

2 on は本来「接触」で、「心の接触」→「執着」を表します（お金を使うときは、商品に「心が接触する・執着する」イメージ）。for は「目的（〜を求めて）」です。

［例］毎日コーヒーに多くのお金を使っている人はたくさんいる。

Many people spend a lot of money on coffee every day.

## 📖 例題の解説

❶ spend 時間 -ing「〜するのに 時間 を費やす」を使います。今回の spend a lot of time -ing は「いつも〜ばっかりしている」といった意味を表せる便利な表現です（much は主に疑問文・否定文で使うのが原則なので、ここで much time とするのは不自然）。

❷ spend お金 on 〜「〜に お金 を使う」の形にします。

**解答例**

❶ Young people <u>spend a lot of time using their smartphones[smartphone]</u>.

❷ The Japanese government <u>should spend more money on education</u>.

## Lesson 35 「日常生活」を語る(2)

🎧 35

### 例題

❶ 母親は、彼は漫画を読んで時間を無駄にしていると思っている。

His mother thinks _____ reading comic books.

❷ 私たちは、先週キャンプをして楽しい時間を過ごした。

_____ time camping last weekend.

❸ 最近、私はそのアニメにハマっている。

Recently _____ that anime.

---

単に「過ごす」だけではなく、spend 以外の表現を使って「時間を無駄にする・楽しい時間を過ごす・熱中している」の表し方もマスターしておきましょう。スピーキングでも便利ですよ。

---

【「過ごす」のバリエーション】

1 「〜して 時間 を無駄にする」: waste 時間 -ing
2 「〜して楽しい時間を過ごす」: have a good time {in} -ing
3 「〜に熱中している・ハマっている」: be into 〜／ be crazy about 〜
4 「〜に没頭している」: be absorbed in 〜

---

1 spend 時間 -ing「〜して 時間 を過ごす」の spend が waste に変わったイメージを持つと、waste 時間 -ing の形を覚えやすくなります。熟語帳などにあまり載っていませんが、英作文やスピーキングでは重宝します。

［例］ケイスケは鍵を探して10分無駄にした。

　　　Keisuke wasted ten minutes looking for his keys.

2 have a good time「楽しい時間を過ごす」だけでも OK ですし、後ろに -ing「〜して」を加えることもできます。また、good 以外に他の形容詞も使えます（例：have a hard time -ing「〜してつらい時間を過ごす」）。

［例］デニスとカーメンは、海辺を泳いで楽しい時間を過ごした。

　　　Dennis and Carmen had a good time swimming at the beach.

3 into は「〜の中に入っていく」を表し、「（興味の対象に）心が入っていく」→「〜に興味がある・夢中だ」という意味があります。I'm into 〜 はまさに「ハマる」という日本語にピッタリです（日常会話でよく使われます）。

［例］息子は今将棋に本当にハマっている。

　　　My son is really into shogi right now.

　また、crazy は「正気でない・気が狂った」というマイナスの意味だけでなく、「（正気じゃないほど）夢中だ」も表せます。

［例］ベッキーは K-pop に夢中だ。　　Becky is crazy about K-pop.

補足 be addicted to 〜も「〜にハマっている」という意味ですが、こちらは「スマホ中毒」のようにマイナスを表すときに使います。最近ではスマホ・SNS 関連でよく使われる表現です。

［例］私はスマホ中毒だ。

　　　I am addicted to my phone.　　※ phone だけで「スマホ」を表せます。

　4 多くの受験生になじみがある be absorbed in 〜 は使い方に注意が必要で、「（その瞬間に）動作に没頭している」場合に使います。動作に没頭して、「周りから声をかけられても気づかないような状態」です。be into 〜 のように「（日頃から）ハマっている」を表すことはできません。

［例］ミシェルはミステリー小説に夢中だから、邪魔するなよ。

　　　Michelle is absorbed in a mystery novel, so don't interrupt her.

## 📖 例題の解説

❶ waste 時間 -ing 「〜して時間を無駄にする」の形を使います。

❷ have a good time -ing 「〜して楽しい時間を過ごす」の形にすれば OK です。今回は後ろに camp「キャンプをする」の -ing 形がきています。

❸ be into 〜／ be crazy about 〜「〜にハマっている」を使います。ここでは、「（その瞬間に）没頭している」を表す be absorbed in 〜 は不自然です。「〜に熱中してる」という日本語を見た瞬間に be absorbed in 〜 を使う受験生が非常に多いので、使い分けをしっかり意識しておきましょう。

解答例

❶ His mother thinks he is wasting his time reading comic books.
❷ We had a good time camping last weekend.
❸ Recently I'm into[I'm crazy about] that anime.

# Part 1

## その他の頻出表現

### 例題

🎧 36

❶ コンピューターが世界を劇的に変えたのは常識だ。

It ＿＿＿＿＿＿＿＿＿＿＿ that computers have changed our world dramatically.

❷ 多くの大人は Facebook を使っているが、中学生となると話は別だ。

Many adults use Facebook, but ＿＿＿＿＿＿＿ with junior high school students.

❸ 私は昨日、スーパーに買い物に行った。

＿＿＿＿＿＿＿＿＿＿＿＿＿＿＿＿＿＿＿＿＿＿＿ the supermarket yesterday.

▶ 「今は〜の時代だ」

**1** This[Ours] is an age of 〜 .　　**2** These days{,} SV.

**1**の an age of 〜「〜の時代」は意外に書けない受験生が多いので、チェックしておきましょう。「今は〜」につられて、（×）Now is 〜 としないように注意してください。

［例］現代は不平等が広がる時代だ。　Ours is an age of growing inequality.

少し意訳して、「〜の時代だ」→「最近は・現代では〜」と表すこともできます。

［例］現代では、人々がスマホを2台以上持っていることは珍しくない。

These days it is not uncommon for people to have more than one smartphone.

▶ 「〜は常識だ」

**1** It is common knowledge that 〜　　※主に知識面

**2** It is common sense that 〜　　　　※主に道徳面

**1** common knowledge は「世間一般の人が知っている知識」という意味です。It is well[widely] known that 〜「〜はよく［広く］知られている」とも表現できます。

**2** sense は「良識・思慮分別」で、common sense は「人として持っておくべき良識・思慮分別」を表します。「普通に考えればそうするべき」といった感じです。

▶ 「当てはまる」

**1** 「〜に当てはまる」：be true of 〜／apply to 〜／be the case with 〜

**2** 「〜についても同じことが言える」：The same thing can be said about 〜 .

be true of ～ は「～に関して（of）真実である（be true）」→「～に当てはまる」、apply to ～ は「～に（to）当てはまる（apply）」です。また、the は「共通認識できる」ときに使うので、the case は「みんなで共通認識できるケース（場合）」→「真実」と考えてください。be the case with ～ で、直訳「～に関して（with）真実だ」→「～に当てはまる」となります。

［例］日本は出生率がとても低い。韓国にも同じことが当てはまる。

　　Japan has a very low birthrate. The same is true of South Korea.

## ▶ 「～へ…しに行く」: go -ing 前置詞 場所　※「-ing と場所の関係」を考える！

□「新宿へ買い物に行く」: We went shopping in Shinjuku.
□「海に泳ぎに行く」: We went swimming in the sea.
□「川に釣りに行く」: We went fishing in[on/at] the river.
□「山にハイキングに行く」: We went hiking in the mountains.
□「湖にスケートをしに行く」: We went skating on the lake.
□「京都に観光に行く」: We went sightseeing in Kyoto.

「～へ…しに行く」と言うとき、前置詞は to を使いたくなりますが、（×）go swimming to the sea は間違いです（「海まで（地上を）泳いでいく」となってしまいます）。あくまで「海の中で泳ぐ」という関係なので、（○）go swimming in the sea となります。

## 📖 例題の解説

❶ ここでの「常識」は「誰もが知っている知識」なので、It is common knowledge that ～ を使います。common sense はやや不自然です。

❷ that is not the case with ～「～には当てはまらない・～となると話は別だ」とします。be not true of ～「～に当てはまらない」や the same thing cannot be said about ～「～について同じことは言えない」を使って表すことも可能です。

❸「新宿」のように「広い場所の中のどこかで買い物する」場合には in を使いますが、「スーパーという場所の一点で買い物する」には at を使います。

解答例

❶ It is common knowledge that computers have changed our world dramatically.
❷ Many adults use Facebook, but that is not the case with junior high school students.
❸ I went shopping at the supermarket yesterday.

 **補足事項** 覚えておきたい頻出表現

### 「〜を痛感している」

be keenly[painfully] aware that 〜

keenly は副詞「鋭く・激しく」、painfully は「痛み（pain）を十分に（ful）持って」→「痛んで・痛ましく」です。これらを be aware that 〜「〜に気づいている」と組み合わせて、「痛感している」を表すことができます。

［例］私はアメリカに行って、英語がスラスラ話せないことを痛感した。

I went to America and became keenly aware that I could not speak English fluently.

### 「間違って〜する」「〜と勘違いする」

1 「間違って〜する」：mistakenly V
2 「〜と勘違いする」：mistakenly think[believe] that 〜

mistakenly は副詞「間違って」で、mistakenly V「間違って〜する」の形でよく使います。mistakenly think that 〜「間違って〜と考える」→「〜と勘違いする」も頻出です。

［例］私は明日の会議に参加しなくてもよいと勘違いしていた。

I mistakenly thought that I wouldn't have to attend the meeting tomorrow.

### 「いつの間にか・気がつけば」

1 without knowing[realizing] it ／ before S know[realize] it
2 I find myself -ing.

1 直訳は「それを知る［に気づく］ことなしに」／「S はそれを知る［に気づく］前に」です。文の主語と know[realize] の主語が一致している場合は without knowing[realizing] it、主語が異なる場合は before S know[realize] it を使えば OK です。

［例］タクヤは知らず知らずのうちに自分の顔を触った。

Takuya touched his face without realizing it.

2 find OC「O が C だと気づく」の形で、直訳「私は自分自身が〜していると気づく」→「いつの間にか〜している」となります。ちなみに、end up -ing「結局〜してしまう」も近い状況で使えることがあります。

［例］彼は気づいたら、自分の決断を後悔していた。

He found himself regretting his decision.

# 演習問題

　Lesson26 〜 36までの内容に関連した入試問題に挑戦してみましょう。わからないとき
は解説を読み、本文に戻って内容を振り返るようにしてください。

## 問題

❶ 大切なのはどう人生を生きるかであって、どれくらい長く生きるかではないのです。　（千葉）

_____ .

❷ ものの見方や好みは人さまざまである。　　　　　　　　　　　　　　　　　　（京都）

_____ .

🔑ヒント〉　「ものの見方」：a way of looking at things ／「好み」：tastes

❸ 航海をすればするほど、彼女は海を好きになった。　　　　　　　　　　　　　（明治）

_____ .

🔑ヒント〉　「航海をする」：sail

❹ 私たちの社会は、どこへ向かおうとしているのか。少子高齢化、過疎化と言われて久しい。
何ら有効な対策がとられることもなく、やがて、そうしたことばさえ消えつつある。
　　★下線部のみ英訳　　　　　　　　　　　　　　　　　　　　　　　　　　（大阪薬科）

_____ .

🔑ヒント〉　「私たちは（それに対して）何ら有効な対策をとれていない」と能動で表せばOK ／「有効な」：effective

❺ 私の願いは、その子供たちが絶え間なく努力することで夢をかなえることだ。　（明治薬科）

My hope is _____①_____ their dreams by _____②_____ .
🔑ヒント〉　「絶え間ない」：constant

❻ この研究によって、睡眠不足が思考力に影響をもたらすことが科学的に実証された。（関西学院）

This research _____ .

❼ これらの実験結果から、その反応では水が重要な役割を果たしていることが明らかになった。（大阪府立）

_____ .

🔑ヒント〉　「実験結果」：experiment results

**❽** どのチームが一番優勝しそうですか。 ★9語か10語で [ team / likely / championship ] を使って　（早稲田）

_____ ?

**❾** 私はニューヨークで半年英語を勉強して過ごしました。　　　　　　　　（学習院）

_____ New York.

🔑 ヒント ❯ 「半年」: half a year

**❿** 夕食後、私たちは楽しいひとときを過ごしました。一人がピアノを弾いて、他の人たちは
みんな歌を歌いました。　　　　　　　　　　　　　　　　　　　　（日本女子）

_____ .

**⓫** 子どもの頃、夏になると兄とよく川に泳ぎに行きました。　　　　　　（福岡女子）

_____ .

🔑 ヒント ❯ 「夏になると」: in the summer

---

### 解説 & 解答例

#### ❶「大切なこと」を表す ➡ Lesson 26

What is important is B, not A.「大切なのは B であって、A ではない」の形を使えば OK です。
B には how you live your life「どう人生を生きるか」、A には how long you live「どれくらい長
く生きるか」が入ります（この you は「総称」）。もしくは、強調構文 "It is B that ～ not A."「～
なのは B であって、決して A ではない」を使うことも可能です。

> **｜解答例｜**
> What is important is how you live your life, not how long you live.
> （別解）It is how you live your life that matters, not how long you live.

#### ❷「～によってさまざまだ」➡ Lesson 27

「～は人さまざまである」→「さまざまな人はさまざまな～を持っている」と考え、
Different 複数名詞 have different 複数名詞. の形を使えば OK です。
もしくは、S vary from 単数名詞 to 単数名詞. で表してもいいでしょう（from person to person
「人によって」と、無冠詞・単数形を使う点に注意）。（漠然と）物事」を表すには things が便利
です。また、「好み」は tastes か preferences です。

※ちなみに、「ものの見方」→「人々がどのように物事を見るか・人々が物事を見る方法」と考えて how[the way]
people look at things、「好み」→「彼らは何が好きか・彼らが好きなもの」と考えて what they like と表すこ
ともできます。これらは英作文でとても便利な発想です（Lesson72参照）。

| 解答例 |
Different people have different ways of looking at things and different tastes.
（別解）People's way of looking at things and their preferences vary from person to person.
（別解）How[The way] people look at things and what they like vary from person to person.

## ❸「～が好きになる」➡ Lesson 28

全体は The 比較級 sv, the 比較級 SV.「sv すればするほど、SV だ」の形です（Lesson45参照）。「海を好きになった」は come to ～「～するようになる」を使い、she came to like the ocean[sea] と表します。（×）become to ～ は絶対に NG です。

※今回の英文に限っては、came to ～ を使わずに she liked the ocean としても特に違和感はありません。これは、The 比較級 sv, the 比較級 SV. という表現の中に「sv すればするほど、ますます SV するようになる」というニュアンスが含まれているからです。

| 解答例 |
The more she sailed, the more she came to like the ocean[sea].

## ❹「～に対して対策をとる」➡ Lesson 29

問題文は「とられる」ですが、「私たちは（それらに対して）何ら有効な対策をとっていない」と能動態で表すほうがラクでしょう。「（過去～現在において）～できなかった」ということなので、現在完了形を使い、We have not been able to ～ とします。「それら（= 少子高齢化・過疎化）に対して有効な対策をとる」は、take measures[steps] against ～「～に対して対策をとる」を使えば OK です。

※「やがて」は now で表すといいでしょう。soon だと「未来」となり、are disappearing「（今まさに）消えつつある途中」という現在進行形と合いません。とは言っても、ここまでできる受験生はいないので心配不要です。

| 解答例 |
We have not been able to take effective measures[steps] against them, and now even those words are disappearing.

## ❺「努力する」➡ Lesson 30

① まず My hope is that sv.「私の願いは sv だ」という形にします。that 節中は、realize[fulfill] one's dream「夢を叶える」という重要表現を使えば OK です。realize は「リアル（real）にする（ize）」で、「夢をリアルにする」→「実現する」、「難しい問題を頭の中でリアルにする」→「理解する・気づく」となりました。

②「絶え間なく努力することで」は、make an effort「努力する」を使って表します。今回は間に constant・continuous「絶え間ない」を入れ、by making constant[continuous] effort{s}「絶え間なく努力することによって」とすれば OK です（by making a constant[continuous] effort でも可）。

| 解答例 |
My hope is {that} the[those] children can realize[fulfill] their dreams by making constant[continuous] effort{s}.

### ❻「研究によって～が実証された」➡ Lesson 31

「この研究によって～が科学的に実証された」→「この研究は～を科学的に証明した」と考え、This research scientifically proved[demonstrated/confirmed] that ～ . とします。「睡眠不足」は lack of sleep という重要表現、「～に影響をもたらす」は動詞 affect や impact を使えば OK です（effect「影響」は基本的に名詞）。また、「思考力」は the ability to ～「～する能力」の形を使います（119ページ参照）。

| 解答例 |
This research scientifically proved[demonstrated/confirmed] that lack of sleep affects[impacts] the[people's/our] ability to think.

### ❼ 実験 showed that ～／play a 形容詞 role in ～ ➡ Lesson 31, 32

「これらの実験結果から～が明らかになった」→「これらの実験結果は～を示した」と考え、These experiment results showed[show] that ～ . とします。that 節中は、play an important role in ～「～において重要な役割を果たす」を使えば OK です。ちなみに、「水が重要な役割を果たす」という事実は過去・現在・未来において当てはまると考えられるので、「現在形（plays）」で表します。

| 解答例 |
These experiment results showed[show] that water plays an important role in the[that] reaction.

### ❽ be likely to ～「～しそう」➡ Lesson 33

日本文「～しそう」と語群 likely に注目して、be likely to ～「～しそう・～する可能性が高い」を使います。「一番優勝しそう」を表すために最上級 most を使って、Which team is {the} most likely to ～？とすれば OK です（形容詞が補語になる場合は最上級に the がなくても OK ですが、面倒なら常に the をつけておけば問題ありません）。「優勝する」は win the championship とします。

| 解答例 |
Which team is {the} most likely to win the championship?

### ❾ spendの語法 ➡ Lesson 34

spend 時間 -ing「～して時間を過ごす」を使います。half a year「半年」（half 名詞「名詞の半分」の形）が出なければ、six months「6か月」としても OK です。

| 解答例 |
I spent half a year studying English in New York.

## ❿「楽しい時間を過ごす」➡ Lesson 35

１文目：「夕食後」は After dinner です（breakfast ／ lunch ／ dinner は基本的に無冠詞で使います）。「楽しいひとときを過ごした」は had a good time とすれば OK です（シンプルに had fun「楽しい時間を過ごした」と表すこともできます）。

２文目：「一人が〜して、他の人たちはみんな〜」では、「残り全員」を表す the others を使います（153 ページ参照）。もしくは everyone else「他の人全員」でも OK です。

> **｜解答例｜**
> After dinner, we had a good[pleasant] time. One person played the piano, and the others[everyone else] sang songs.

## ⓫「場所に〜しに行く」➡ Lesson 36

「川に泳ぎに行く」は go swimming in the river とします。「川の中で泳ぐ」という関係が適切なので、前置詞 in を使う点がポイントです。I often went swimming in the river とする（頻度の副詞 often は「not と同じ位置」に置く）か、I would often go swimming in the river とすれば OK です（would often 〜「よく〜したものだ」）。

別解として、used to 〜「よく〜していた」を使って表すことも可能です。

> **｜解答例｜**
> When I was a child, I often went[would often go] swimming in the river with my brother in the summer.
>
> （別解）When I was a child, I used to go swimming with my brother in the river a lot in the summer.
>
> ※ When I was a child は、In my childhood ／ When I was a kid ／ As a child などでも OK

| Q | A | 確認テスト |
|---|---|---|
| ☐「大切なのは B であって、A ではない」を表すには？（what を使って） | What is important is B, not A. | |
| ☐「〜によってさまざまだ」を表すには？（different を使って） | Different 複数名詞 have different 複数名詞. | |
| ☐「〜が好きになる」を表すには？ | come to like 〜 | |
| ☐「〜に対して対策をとる」を表すには？ | take measures[steps] against 〜 | |
| ☐「〜するよう努力する」を表すには？（make を使って） | make an effort to 〜 | |
| ☐「この研究によって〜が実証された」を表すには？ | This research proved[demonstrated/confirmed] that 〜 | |
| ☐「〜において重要な役割を果たす」を表すには？ | play an important role in 〜 | |
| ☐「〜する可能性が高い・〜しそう」を表すには？ | be likely to 〜 | |
| ☐「〜して 時間 を過ごす」を表すには？ | spend 時間 -ing | |
| ☐「〜して楽しい時間を過ごす」を表すには？ | have a good time -ing | |
| ☐「川に泳ぎに行く」を表すには？ | go swimming in the river | |

**Lesson 37** 依頼する・許可を求める

## 例題

**❶** LINE の ID を教えてくれる？

_____ your LINE ID?

**❷** もしよろしければ、メールアドレスを教えていただけませんか。

I was _____ .

**❸** ここに座ってもよろしいですか？ ― いいですよ。

Would _____ ? ― Not at all.

---

▶ **依頼する表現**　※丁寧度はあくまで目安です

**1** Can you ～？／ Will you ～？　「～してくれる？」　※「タメ口」くらいの感じ

**2** Could you ～？／ Would you ～？　「～してくれますか？」
　※「です・ます調」くらいの感じ

**3** I was wondering if you would[could] ～．／ I'd appreciate it if you would[could] ～．
　「～してくださいませんか？」　※「敬語」くらいの感じ

　**2** could や would などの助動詞の過去形は「仮定法（のニュアンス）」を表します。「も しよろしければ」という仮定が含まれる分だけ、can や will よりも丁寧になるわけです。

　**3** I wonder if ～ は、直訳「～かどうか（if）不思議に思う（wonder）」→「～かなぁ」です。相手に返事を返さなきゃいけないというプレッシャーを与えないため、丁寧な表現になります。過去進行形の I was wondering if ～ が非常によく使われますが、これは「過去の一時的な思いだけど」と控えめな感じがするので、さらに丁寧な印象を与えます。

　［例］よろしければアドバイスをいただけたらなあと思っていたのですが。

　　　　I was wondering if you could give me some advice.

　I'd appreciate it if ～ は、直訳「もし～したら、そのこと（it）に感謝する（appreciate）」→「もし～していただけたらありがたいのですが」です。appreciate は直後に必ず「物」がくる点に注意しましょう。直後に「人」をとって、（×）appreciate you とはできません。（○）thank you は OK です。

　［例］LINE のアカウントを教えていただけるとありがたいのですが。

　　　　I'd appreciate it if you could tell me your LINE account.

PART
1

┌─【mindを使った表現】　※どちらもWouldを使ったほうが丁寧 ─────────
│ 1  Do you mind -ing? ／ Would you mind -ing?「～していただけませんでしょうか？」
│ 2  Do you mind if sv? ／ Would you mind if sv?「s が v してもよろしいでしょうか？」
└──────────────────────────────────────────

　1  mind は「嫌がる」で、直訳「あなたは～するのはイヤですか？」→「イヤじゃなけれ
ば、～してくれませんか？」となります。返答には、「OK」の場合は「いいえ、イヤじゃ
ありませんよ」ということで not・no を使います。Not at all. ／ Not in the least. ／ Of
course not. ／ Certainly not. ／ No problem. などです。

　［例］このバッグを運んでいただけますか？
　　　　Would you mind carrying this bag for me?

　2  if 節内の動詞は、Would you のときは「過去形」、Do you のときは「現在形」を使う
のが基本です。Would you mind if I ～？ で、「私が～したらイヤですか？」→「イヤじゃ
なければ、私は～してもいいですか？」と許可を求める表現になります。

　ちなみに、動名詞を使って Would you mind my -ing? としても OK です（my は動名詞
の意味上の主語）。ただし、実際の日常会話では Would you mind if sv? のほうがよく使わ
れます。

　［例］少し電話してもよろしいですか？
　　　　Would you mind if I made a quick phone call?

## 📖 例題の解説

- - - - - - - - - - - - - - - - - - - - - - - - - - - - - - - - - - - - - - - - - - - -

❶「～してくれる？」は Can［Will］you ～？ とします。「私に LINE の ID を教える」は
　tell ｜人｜｜物｜「｜人｜に｜物｜を伝える・教える」の形にすれば OK です。teach は「（技術など
　をきちんと）教える」なので今回は使えません。ちなみに、Will you ～？ よりも Can
　you ～？ のほうが少し丁寧で、Can you ～？ なら「教えてくれる？」、Will you ～？ な
　ら「教えてくれよ」といった感じになります。

❷ 文頭に I was があるので、I was wondering if you would ～ .「～していただけるとあ
　りがたいのですが」という丁寧な依頼表現にします。

❸ 返答の Not at all. につながり、「～してもよろしいですか？」を表すのは Would you mind
　if I ～？ です。Not at all. は「まったく嫌じゃない」→「いいですよ」を表しています。

解答例

┌──────────────────────────────────────────
│ ❶ Can［Will］you tell me your LINE ID?
│ ❷ I was wondering if you would tell me your e-mail address.
│ ❸ Would you mind if I sat［sit］here? ／ Would you mind my sitting here?
└──────────────────────────────────────────

## Lesson 38 提案・勧誘・申し出を表す

【例題】

🎧 38

❶ 今週末、ショッピングに行かない？

Why _____ ?

❷ （日本に来た外国人に対して）日本はどうですか？（気に入っていますか？）

_____ ?

❸ あなたがメールを送る前に（私がそれを）確認しようか？

Do _____ before you send it?

---

【提案1】 反語を使った提案

1 Why don't you ～？／ Why not 原形 ？「～したらどう？」
2 Why don't we ～？「～しようよ」

---

　1は直訳「なぜあなたは～しないの？」→「～したら？」、2は直訳「なぜ私たちは～しないの？」→「～しようよ」となりました。2は「自分たち（us）」に対する提案です。

　［例］ショウコを花火大会に誘ったら？　Why don't you invite Shoko to the fireworks display?
　［例］ドライブに行かない？　Why don't we go for a drive?

　返答では That sounds good[great]. 「それはいいね」がよく使われます（直訳は「それは良さそうに聞こえる」）。実際の会話では、主語 That が省略されて Sounds good[great]. になったり、That's a good idea. ／ Good idea! なども使われます。

---

【提案2】 反語以外の提案

1 Do you want to ～？／ Would you like to ～？「～するのはどうですか？」
2 What do you say to -ing?「～するのはどう？」
3 How about -ing? ／ What about -ing?「～するのはどう？」

---

　1 want to ～／ would like to ～ は「～したい」で、直訳「あなたは～したいですか？」→「（したいなら）～しませんか？」となりました。would like to ～ を使ったほうが丁寧です。
　［例］ケーキをもう一切れいかがですか？
　　　　Would you like to have another piece of cake?

2　直訳「〜することに対して（to -ing）、あなたは何と言いますか（What do you say）？」→「することをどう思う？」→「〜するのはどう？」となりました。to は前置詞なので、後ろには名詞・動名詞がきます。

［例］一緒にスポーツクラブに入るのはどうですか？

　　　What do you say to joining the gym together?

3　この表現のみ、How でも What でも OK です。

［例］火曜日に歴史博物館に行くのはどう？

　　　How about going to the history museum on Tuesday?

注意 How do you like 〜？は「感想」を尋ねる表現です。「提案」ではありません。

［例］納豆（を食べた感想）はどうですか？　How do you like *natto*?

---

【申し出】

1　Shall I 〜？「〜しましょうか？」

2　Shall we 〜？／ Let's 〜 .「（私たちみんなで）〜しましょうか？」

3　Do you want me to 〜？／ Would you like me to 〜？「〜しましょうか？」

---

1・2　Shall we dance?「踊りませんか？」などでおなじみですね。

［例］音楽の音量を下げましょうか？　Shall I turn down the music?

3　want 人 to 〜「人に〜してほしい」の形で、直訳「あなたは私に〜してほしいですか？」→「（してほしいなら）私が〜しましょうか？」となりました。日常会話では、Shall I 〜？よりもこちらのほうがよく使われます。ちなみに、would like 人 to 〜 を使った、Would you like me to 〜？のほうが丁寧な表現です。

［例］20ドル貸しましょうか？　Do you want me to lend you twenty dollars?

## 📖 例題の解説

❶「（私たちは）〜しない？」は Why don't we 〜？、「ショッピングに行く」は go shopping です。「今週末」は this weekend で、直前に前置詞が不要な点にも気をつけましょう。

❷「日本はどう？」と感想を聞いているので、How do you like 〜？とします。

❸ 文頭 Do に注目して、Do you want me to 〜？「〜しましょうか？」とします。

解答例

❶ Why don't we go shopping this weekend?

❷ How do you like Japan?

❸ Do you want me to check your e-mail before you send it?

# Part 1

**Lesson 39**

# What vs. Howがポイントの会話表現

🎧 39

## 例題

❶ 彼はその人柄によって、みんなから好かれている。

He is liked by everyone because of _____ like.

❷ その新しい美術館はどんな外観（見た目）ですか？

What _____ ?

❸ あの新しいカフェについてどう思う？

_____ that new café?

## ▶ 「どんな感じ？」を表す３パターン

「どんな感じ？」と聞くときは What を使います。以下の３パターンが大事ですが、元の成り立ちから理解していけばカンタンです。

```
┌─【「S ってどんな感じ？」のパターン】─────────────────

  1 What is S like?「S ってどんな感じ？」
  2 What is it like to ～?「～するってどんな感じ？」
  3 What does S look like?「S の見た目ってどんな感じ？」
```

1 What is S like? の成り立ち

She is like an angel.「彼女は天使みたいだ」　※ like は前置詞「～のような・～みたいな」
　　　　　　　　　an angel を what に変える
　　　　　What　※ what は文頭へ／疑問文なので "is she" の語順に
What is she like?「彼女ってどんな人？」

2 What is it like to ～? の成り立ち　※仮主語 It、真主語 to ～ を使ったパターン

It is like a dream to be a singer.「歌手になるなんて夢のようだ」
　　　　　　a dream を what に変える
　　　　　What　※ what は文頭へ／疑問文なので "is it" の語順
What is it like to be a singer?「歌手になるってどんな感じ？」

［例］ニューヨークに住むってどんな感じ？　What is living in New York like?

　　　≒ What is it like to live in New York?

疑問文ではなく平叙文の語順にすると、what ⑤ is like「⑤はどんな感じか」、what it is like to ～「～するのはどんな感じか」となります。こちらもとても便利で、たとえば「あなたの人柄」→「あなたはどんな感じか」と考え、what you are like と表せます。

　[例] 彼は当時の様子を知っているうちの１人だ。　※「様子」→「どんな感じだったか」
　　　He is one of the people who know <u>what it was like</u> at that time.

　3　What is ⑤ like? は be like を使っていますが、（is を look に変えて）look like を使うと、What does ⑤ look like?「⑤の<u>見た目</u>ってどんな感じ？」となります。look like ～「～のように見える」ですね。

　[例] その建物の見た目はどんな感じ？　What does the building look like?

## ▶ what は後ろに「不完全」、how は「完全」

┌─ what + 不完全 　※whatは「どう？」と訳すことが多い ──────────
│
│ □ What do you say to -ing?「～するのはどう？」　※提案表現（98ページ参照）
│ □ What do you think of[about] ～ ?「～についてどう思う？」
│ ※「意見・考え」を聞く／考える「方法（How）」ではなく「内容（What）」を聞く
│
└────────────────────────────────────────

┌─ how + 完全 ──────────────────────────────
│
│ □ How do you like ～ ?「～はどう？」　※「感想」を聞く（99ページ参照）
│ □ How do you feel?「気分はどう？」
│
└────────────────────────────────────────

## 📖 例題の解説

❶「彼の人柄」→「彼はどんな感じか」と考え、what ⑤ is like「⑤はどんな感じか」の形にすれば OK です。間接疑問（102ページ参照）なので SV の語順になります。

❷「どんな外観・見た目？」は What does ⑤ look like ～ ? を使います。

❸「～についてどう思う？」は What do you think of[about] ～ ? です。「どう」という日本語につられて How を使わないように注意してください。

解答例

┌────────────────────────────────────────┐
│ ❶ He is liked by everyone because of <u>what he is</u> like.
│ ❷ What <u>does that[the] new {art} museum look like</u>?
│ ❸ <u>What do you think of[about]</u> that new café? ／ <u>What's your opinion of</u> that
│ 　 new café?
└────────────────────────────────────────┘

# Part 1

## Lesson 40 疑問を投げかける

**例題**

🎧 40

❶ あとどれくらいでコンサートは始まるの？ ― 5分後だよ。

How _____ ? ― In five minutes.

❷ 彼はそのイヤホンをどこで買ったのか私に尋ねた。

_____ the earphones.

❸ 今週末の大会で誰が優勝すると思いますか？

_____ the tournament this weekend?

## ▶ how の2種類の使い方

　疑問詞 how には2通りの使い方があり、この使い分けは複合関係副詞 however（Lesson 53参照）と同じです。how 単独なら「どのように〜・どんな方法で〜」ですが、how + 形容詞・副詞 なら「どれくらい〜」と程度を表します。

### 【howとhoweverの使い方】

| | 単独 | 形容詞・副詞とくっつく |
|---|---|---|
| how（副詞） | how「どのように〜」 | how 形容詞・副詞「どれくらい〜」 |
| however（複合関係副詞） | however 「たとえどのように〜しても」 | however 形容詞・副詞 「たとえどれくらい〜であっても」 |

［例］この電車はあとどれくらいで出ますか？　How soon does this train leave?

## ▶ 間接疑問文

　文の途中に「疑問文」が埋め込まれたものを「間接疑問文」と言います。間接疑問は「普通の語順（SV の順）」になり、倒置しないことに注意してください。

　たとえば、（○）I don't know <u>what it is</u>.「それが何かわかりません」では、know 以下に「疑問文」が埋め込まれています。（×）I don't know <u>what is it</u>. という疑問文の語順ではなく、SV の順番（what it is）という点が重要です。基本事項ですが、実際に英文を書くとミスする受験生がかなり多いので、しっかり意識しておきましょう。

　［例］昔のクラスメイトが今頃何しているのかなあって時々思うんだ。

　　I sometimes wonder what my old classmates are doing now.

## ▶ 疑問文の語順

　Yes・No で答えるときは「倒置（Do you 〜？など）」、Yes・No で答えないときは「疑問詞が先頭（Where 〜？など）」の順番になります。

> 1　彼女がどこに住んでるか知ってる？　　Do you know where she lives?
> 2　彼女はどこに住んでると思う？　　Where do you think she lives?

　1の「彼女がどこに住んでるか知っている？」には、「はい、知っている」のように Yes・No で答えますね。よって、<u>Do you know where</u> she lives? の順番で使います。

　2の「彼女はどこに住んでると思う？」には Yes・No で答えられません。「〜に住んでいると思う」のように答える必要がありますね。そのため、<u>Where do you think</u> she lives? の語順になるわけです。

> **Point**
>
> 「Yes・No で答える」→「Do you 〜？など」、「Yes・No で答えない」→「疑問詞が先頭」！

## 📖 例題の解説

❶ How soon 〜？「あとどれくらい〜？」という表現を使います（"how 形容詞・副詞 "の形）。soon は「（今から）もうすぐに」なので、How soon は「（今から）どれくらいすぐに」→「あとどれくらいで」となります。返答で使われている in 〜「〜後」とセットで押さえておきましょう。

❷ He asked me where I bought 〜「彼は〜をどこで買ったか私に尋ねた」とします。間接疑問なので、普通の語順（where I bought）にします。

　※文法的には過去完了形（had bought）もアリですが、ここでは単に過去形を使ったほうが自然です。

❸「誰が優勝すると思う？」に対しては、「○○が優勝すると思う」のように答えますね。Yes・No では答えないので、疑問詞で始めます。Who do you think will win 〜？／Who do you think is going to win 〜？「誰が〜で優勝すると思う？」とすれば OK です。もともとは You think {that} ○○ will win 〜「あなたは○○が〜で優勝すると思う」の形で、そこから○○を疑問詞 who にして文頭に出し、Who do you think will win 〜と疑問文の語順にしたものです。

> 解答例
>
> ❶ How <u>soon will the concert[is the concert going to] start</u>? — In five minutes.
> ❷ <u>He asked me where I bought</u> the earphones.
> ❸ <u>Who do you think will[is going to] win</u> the tournament this weekend?

# Part 1

# 否定する

🎧

**例題**

❶ スマホがどこにも見当たらない（私はスマホをどこにも見つけることができない）。

_____ .

❷ すべてのゲームが脳に悪いとは限らない。

_____ bad for your brain.

❸ 私の父はお酒もタバコもやりません。

My father doesn't _____ .

## ▶ 全体否定と部分否定

**1** not+[部分] = 全体否定　　※[部分]とは either ／ any ／ ever

**2** not+[全部] = 部分否定　　※意味「全部が全部〜というわけじゃない」

**1** 全体否定は、"not 〜 any = no" と "not 〜 either = neither" をしっかりチェックしてください。not 〜 either は日本語で考えて（×）「どちらかが〜でない」とミスしがちなので、"not 〜 either = neither" と英語で覚えておくといいでしょう。

　［例］私はどちらの計画も良いとは思わない。
　　　　I don't like either of the plans.

**2** 部分否定は "not+[全部] = 部分否定" という公式を押さえてください。not の後ろに「全部」というパワフルな単語がくると、not では打ち消し切れず、そこに残骸が残るイメージです。「全部が全部〜というわけじゃない」と言い訳っぽくなります。

┌─**【[全部]を表す語】**─────────────────────────┐
│ □ all「すべての」　　　□ both「両方の」　　　□ every「すべての」 │
│ □ always「いつも」　　□ necessarily「必ず」　□ completely「完全に」 │
└──────────────────────────────────────┘

　［例］すべての鳥が飛べるわけではない。　　Not all birds can fly.
　［例］彼の発言は、いつも興味深いというわけではない。
　　　　What he says is not always interesting.

## ▶ not と等位接続詞

**1 not A and B「A でないか、B でない」**

　and を「と」と訳して、(×)「A と B でない（両方違う）」と考えるのは間違いです。A and B は「A と B が同時に起こる」ことなので、not で「その同時性を否定」しているわけです。つまり「同時には起こらない」ということで、Don't drink <u>and</u> drive. は「飲んで、それと同時に運転してはいけない」＝「飲酒運転はダメ」を表します（「飲酒もダメ、運転もダメ」という意味ではありません）。

**2 not A or B「A でも B でもない」**

「A と B をそれぞれ 1 つずつ否定する」イメージで、最終的には「A も B も両方否定」します。「A も B も〜でない」を表すときに and を使うミスが多いのですが、正しくは not A <u>or</u> B です。Don't drink <u>or</u> drive. は「飲酒もダメ、運転もダメ」という意味になります。

　［例］夏に小旅行に行くのに最もお気に入りの場所は、箱根<u>でも</u>鎌倉<u>でもない</u>。私は軽井沢に行きたいと思っている。

　　　My favorite place to go for a short trip in the summer is <u>not</u> Hakone <u>or</u> Kamakura. I prefer to go to Karuizawa.

A and B を否定　　　　　　　　　　　　　　　A と B をそれぞれ否定

not A and B 「A と B が同時に起きるわけではない」　not A or B 「A でも B でもない」

## 📖 例題の解説

❶「どこにも見当たらない（どこにも見つけることができない）」は全体否定を使って、I can't find 〜 anywhere. とします。not 〜 any = no ですね。「どんな〜もない」という日本語につられて、any「どんな」を前に持ってきて（×）any 〜 not とミスする人が多いのですが、英語では必ず "not 〜 any" の語順になります。

❷「すべて〜とは限らない」という部分否定なので、"not+全部" の形を使います。

❸「A も B も〜でない」は not A <u>or</u> B で表すので、doesn't drink <u>or</u> smoke「お酒もタバコもやらない」とします。英語では、わざわざ「お酒を飲む」「タバコを吸う」と言わなくてもわかるので、alcohol や tobacco はなくても OK です。

解答例

❶ <u>I can't find my smartphone[phone] anywhere</u>.
❷ <u>Not all {video} games are</u> bad for your brain.
❸ My father doesn't <u>drink {alcohol} or smoke {tobacco/cigarettes}</u>.

Lesson37 〜 41までの内容に関連した入試問題に挑戦してみましょう。わからないときは解説を読み、本文に戻って内容を振り返るようにしてください。

## 問題

**❶** 窓を開けてもいいですか。 （ノートルダム清心女子）

Do you _____ ?

**❷** 来週の土曜日、夕食でもどうですか。 （熊本保健科学）

Why _____ ?

**❸** 東京で生活することがどんな感じなのか、私には全く見当がつかない。 （東京歯科）

_____ .

🔑 ヒント ＞ 「全く見当がつかない」： have no idea

**❹** 世界中で現在いくつの言語が話されているか知っていますか。 （名城）

_____ ?

🔑 ヒント ＞ 「現在」： currently

**❺** 金銭的な成功が必ずしも幸福に寄与するとは限らない。 （関西学院）

Financial success _____ .

🔑 ヒント ＞ 「寄与する」： lead to 〜／ result in 〜／ contribute to 〜 など

## 解説＆解答例

### ❶ mindを使った表現 ➡ Lesson 37

文頭 Do you に注目して、Do you mind if I 〜？「〜してもいい？」とします。mind は本来「嫌がる」で、直訳「もし私が〜したら、あなたはイヤですか？」→「イヤじゃなければ、〜してもいいですか？」となりました。「窓」は話し手と聞き手で「共通認識できる」と考えられるので、<u>the</u> window とします。

> | 解答例 |
> **Do you** mind if I open the window? ／ **Do you** mind my opening the window?

### ❷ 提案・勧誘表現 ➡ Lesson 38

文頭 Why に注目して、Why don't we 〜？「〜はどうですか？」とします。「夕食でもどうですか」→「夕食をとるのはどうですか」と考え、Why don't we have dinner 〜？とすれば OK です（「でも」のような断定回避表現はカットして構いません。詳しくは207ページ参照）。breakfast ／

lunch ／ dinner は基本的に無冠詞で使います。

また、next Saturday「来週の土曜日」は副詞扱いなので、直前に前置詞は不要です。"this/that/next/last/each ＋時を表す表現"の形は副詞として働きます（例：this week「今週」、next year「来年」など）。表現自体は簡単ですが、英作文では意外とミスしやすいので、しっかり意識しておきましょう。

| 解答例 |
Why don't we have dinner next Saturday?

## ❸「どんな感じ？」を表す ➡ Lesson 39

「私には全く見当がつかない」→「私はまったくわからない」と考え、I have no idea とします（会話でよく使う便利な表現です）。「東京で生活することがどんな感じなのか」は、What ⑤ is like ／ what it is like to ～?「⑤ は（～は）どんな感じか」という表現を利用すればOKです（間接疑問なので語順に注意）。

| 解答例 |
I have no idea what living in Tokyo is like. ／ I have no idea what it is like to live in Tokyo.

## ❹ 疑問文の語順 ➡ Lesson 40

「いくつ～か知っていますか？」に対しては、「はい、知っています」のように Yes・No で答えますね。そのため、Do you know ～? の語順にします。「いくつの言語が話されているか」は、how many ～「いくつの～」を使えば OK です。

| 解答例 |
Do you know how many languages are currently spoken around the world?
（別解）Do you know how many languages are spoken in the world today[now]?

## ❺ 部分否定"not+全部" ➡ Lesson 41

「必ずしも～するとは限らない」という部分否定です。"not+全部"の形を使い、does not necessarily[always] ～「必ずしも［いつも］～するとは限らない」とします。ちなみに、lead to ～／ result in ～／ contribute to ～ はすべて重要な因果表現で、"原因 lead to 結果"の関係を作るのでしたね（48ページ参照）。

| 解答例 |
Financial success does not necessarily[always] lead to[result in/contribute to] happiness.

| Q | A | 確認テスト |
|---|---|---|
| □「～してもいいですか？」を表すには？（mind を使って） | Do you mind if I ～? ／ Do you mind my ～? | |
| □「～するのはどうですか？」と提案を表すには？（Why を使って３語で） | Why don't we ～? | |
| □「～するってどんな感じ？」を表すには？ | What is ⑤ like ? ／ What is it like to ～? | |
| □「いくつ～か知っている？」を表すには？ | Do you know how many ～? | |
| □「必ずしも［いつも］～するとは限らない」を表すには？ | not necessarily[always] ～ | |

# 文法・語法による英作文

- 受動態・比較・準動詞
- 構造系
- 品詞系
- 文型・語法

# Part 2

## Lesson 42 受動態を使いこなす

🎧 42

### 例題

❶ そのスタジアムは、今建設されているところだ。

That stadium _____ .

❷ そのミュージックビデオは、YouTube での再生（視聴）回数が1億回を超えている。
※「視聴する」: view

That music video _____ over 100 million times on YouTube.

❸ 私は今日、電車の中でアメリカ人に話しかけられた。

_____ on the train today.

## ▶ 受動態が使われる本当の理由

1 主語を言いたくない！　※ by 〜 を使わない
2 主語 ⇔ 目的語の位置を変えたい！　※ by 〜 を使う

　1 English and French are spoken in Canada.「カナダでは英語とフランス語が話されている」の場合、「カナダにいる人によって」とあえて言う必要はありませんよね。このように主語が明らかな場合や、主語が不明な場合には受動態を使います。

　2 Tom broke the window.「トムが窓を割った」では、後ろの window に重点が置かれます。一方、受動態 The window was broken by Tom.「窓を割ったのは、トムなんだ」だと、Tom が引き立ちます。このように、受動態を使って S と O の位置を入れ替えられるわけです。

## ▶ 「〜される」という日本語にとらわれない！

　日本語「れる・られる」は、主に「利害（利益・被害）」を表すときに使われます。つまり、英語の受動態 "be+p.p." とは使われるときの発想が違うのです。そのため、「〜される」という日本語にこだわらず、1「主語を言いたくない」、2「主語⇔目的語の位置を変えたい」という明確な理由があれば受動態を使って OK です。

※逆に「〜される」という日本語であっても、明確な理由がなければ英文は能動態が適切な場合もあります。
　この考え方は英作文で非常に大切なので、Lesson79 でしっかり扱います。

┌─【受動態のバリエーション】　※be p.p. の前に「助動詞・be・have」がくっついたイメージ─┐

　1　助動詞：助動詞 <u>be</u> p.p.　※「〜される」に助動詞の意味を加えれば OK

　2　進行形：<u>be</u> being <u>p.p.</u>「〜されている（途中だ）」

　3　完了形：have <u>been</u> <u>p.p.</u>「〜されてしまった」など

└────────────────────────────────────────────┘

## ▶ 熟語の受動態

　laugh at 〜「〜を笑う」のような熟語は、１つの動詞として扱います。そのため、受動態にすると be laughed <u>at</u> と最後に前置詞が残ります（at を消すのは絶対に NG）。

Kate <u>laughed at</u> [Tom] .「ケイトはトムを笑った」

[Tom] was <u>laughed at</u> by Kate.「トムはケイトに笑われた」
　　　　be　　p.p. （laugh at で１つのカタマリ）

　受動態で狙われる熟語はかなり限られているので、以下をチェックしておけばほとんど対応できます。

┌─【受動態が狙われる「熟語」】────────────────────────────┐

　□ laugh at 〜「〜を笑う」　　　　　□ run over 〜「（車が）〜をひく」

　□ speak to 〜「〜に話しかける」　　□ deal with 〜「〜に対処する」

　□ do away with 〜「〜を廃止する」　□ look up to 〜「〜を尊敬する」

　□ look down on 〜「〜を軽蔑する」　□ take care of 〜／ look after 〜「〜を世話する」

　□ take advantage of 〜「〜を利用する」

└────────────────────────────────────────────┘

## 📖 例題の解説

❶「今建設されている<u>途中</u>」を表すには、「進行形 + 受動態（be being p.p.）」を使います。

❷「（過去〜現在までに）１億回以上視聴されてきた」ということなので、「完了形 + 受動態（have been p.p.）」を使います。例題の日本語は「〜されてきた」となっていませんが、主語（誰が視聴してきたか？）を言う必要がないので、英語では受動態が適切ですね。

❸ speak to [人]「[人]に話しかける」の受動態は、[人] is spoken to by 〜「[人]は〜に話しかけられる」です（speak to で１つの動詞扱いなので、前置詞 to を消すのは NG）。

解答例

┌────────────────────────────────────────────┐
❶ That stadium <u>is {currently} being built</u>. ／ That stadium <u>is being built {now}</u>.

❷ That music video <u>has been viewed</u> over 100 million times on YouTube.

❸ <u>I was spoken to by an American</u> on the train today.
└────────────────────────────────────────────┘

# Part 2

## Lesson 43　比較:「同じ・〜倍」を書く

**例題**

❶ 彼女は英語と同じくらいプログラミングにも興味がある。

_____ English.

❷ 彼の給料は私の４倍近く多い。

His salary _____ .

❸ 学生時代はできるだけたくさんの本を読むべきだ。

You _____ while {you are} in school.

### ▶ 原級比較（as 〜 as ...）

「同じくらい〜」を表すときは、as 〜 as ...「…と同じくらい〜だ」を使います。これ自体は中学で習いますが、英作文では意外にミスをしてしまう受験生が多いです。きちんと as 〜 as を使った文の作り方を確認しておきましょう。

【as 〜 asを使った文の作り方】

1 英文を「２つ」作る

2 比較基準の単語を as 〜 as で挟んで、２つの文をくっつける
　※前の as は「副詞（同じくらい）」、後ろの as は「接続詞（〜と同じ）」

3 後ろの as 以下を「スッキリ」させる
　※重複している「比較基準」の単語を消す／代名詞や代動詞の使用／省略など

例題❶で考えてみましょう。まず、以下の２つの英文が元になっていると考え、そこから比較基準の単語（interested）を as 〜 as で挟み、２つの文をくっつけます。

　1 She is interested in programming. ／ She is interested in English.

　2 She is <u>as</u> interested in programming <u>as</u> she is interested in English.

次に、「比較基準（何と何を比べているか？）の単語」を消す必要があります。今回は「興味（の程度）」を比べているので、interested を消します。is interested を is に置き換えると考えてもいいでしょう。

【完成】She is <u>as</u> interested in programming <u>as</u> she is in English.

**注意** 「前置詞＋名詞」はセットなので、as she is <u>in</u> English の in は省略できません。後半の she is を省略して、She is as interested <u>in programming</u> as <u>in English</u>. とすることは可能です（「比べる要素を残す」という発想ですが、ここでも基本的に in は省略不可です）。

**注意** "many+名詞／ much+名詞" では、つい many・much だけを as ～ as で挟んでしまいがちですが、そうすると直後にあった名詞が余ってしまいます。よって、必ず "many+名詞／ much+名詞" を「まとめて挟む」ようにしてください。

## ▶ 倍数表現の表し方／慣用表現

「～倍」と言いたいときは、as ～ as の直前に「～倍」という単語を置くだけです。たとえば、「3倍」なら <u>three times</u> as ～ as、「10倍」なら <u>ten times</u> as ～ as とします。as ～ as は「1倍」ということなので、その直前に「～倍」を置いて倍数を表す感覚です。

> 基本形：X times as ～ as A「A の X 倍～だ」　※「2倍」は twice、「半分」は half

〔例〕今のスマホは10年前に出まわっていたものの2倍のお金がかかる。

　　　Smartphones today cost twice as much as those on the market ten years ago.

　ちなみに、よく使うわりにあまり解説されないのが「だいたい同じ」という言い方です。「だいたい1倍」＝「約1倍」と考えて、as ～ as の直前に about を置けば OK です。「ほとんど～・～近く」を表す場合は、almost や nearly を使います。

〔例〕ティナのエッセイはポーラのとだいたい同じ長さだった。

　　　Tina's essay was about as long as Paula's.

> 【as ～ as... を使った慣用表現】
> □ as ～ as possible ／ as ～ as 人 can「できるだけ～」
> □ 直後を強調する as ～ as　例：as early as ～「～というくらい早く・早くも～に」

## 📖 例題の解説

❷ almost[nearly] four times as ～ as ...「…の4倍近く～だ」とします。almost・nearly「～近く」を、X times as ～ as A「A の X 倍～だ」という倍数表現の前に置いた形です（almost・nearly については160ページ参照）。

❸ as ～ as possible ／ as ～ as 人 can「できるだけ～」を使い、read as many books as possible ／ read as many books as you can とします。as ～ as の間に many books を「まとめて挟む」点にも注意しましょう。

**解答例**

> ❶ <u>She is as interested in programming as {she is} in</u> English.
> ❷ His salary <u>is almost[nearly] four times as much[high] as mine[my salary]</u>.
> ❸ You <u>should read as many books as possible[as many books as you can]</u> while {you are} in school.

# Lesson 44 比較:「一番」を書く

44

## 例題

❶ 彼女は世界で最も偉大なピアニストの１人だ。

_____ in the world.

❷ 新しい iPad は旧型よりはるかに性能が良い。

The performance of the new iPad _____ .

❸ 健康ほど大切なことはない。

_____ your health.

## ▶ 最上級の基本

最上級には原則 the をつけます。たとえば「家族で一番背が高い」と言えば、誰のことなのか特定できますね。そのため、「共通認識」を表す the をつけるわけです。

また、最上級は「どの範囲内で一番なのか？」を示す表現（主に of や in）とともに使われるのが普通です。of の後ろは「複数を示す語句」、in の後ろは「範囲・場所を示す語句」がくると考えても OK ですし、以下のように of を中心に考えてもいいでしょう。

---

1 of を使う場合：of 数字／ of all ／ of 代名詞　　※例外：of the year「１年の中で」
2 in を使う場合：上記以外

---

## ▶ 最上級を使った表現

最上級は「一番〜」ですが、「２番目・３番目…」と言いたいときは、the の後ろに「序数（second ／ third など）」を置けば OK です。

This is the ⬚ tallest building in Japan.　これは日本で１番高い建物です。
This is the [second] tallest building in Japan.　これは日本で２番目に高い建物です。

┌─【単数形・複数形がまぎらわしい表現】────────────────────
│
│ 1 [比較級] than any other [単数形]「他のどの[単数形]より〜だ」　※比べるときは「1対1」
│ 2 one of the [最上級] [複数形]「最も〜な[複数形]のうちのひとつだ」　※「複数あるうちの1つ」
└─────────────────────────────────────────

## ▶ 比較級・最上級の強調

　強調を表す very と much の使い分けは面倒に思えますが、「very と much は仲が悪い」というイメージを持つと整理しやすくなります。very がやることは much はやらない、much がやることは very はやらない、ということです。特に英作文では「比較級を強調するときは、（very ではなくて）much を使う」という知識が重要です。

【強調の"very vs. much"】

| | very「とても」 | much「はるかに」 |
|---|---|---|
| 原級 | very good | ~~much good~~ |
| 比較級 | ~~very better~~ | much better |
| 最上級 | ~~very the best~~ | much the best |
| | the very best | ~~the much best~~ |

　※ much <u>the</u> best と <u>the</u> very best は「the の位置」に注意してください。

［例］Youtube の動画を作るのは、見るのに比べてはるかに複雑だ。

　　　Making a Youtube video is much more complicated than watching one.

**Point**

「very と much は仲が悪い」と考える！

## 📖 例題の解説
- - - - - - - - - - - - - - - - - - - - - - - - - - - - - - - - - - - - - - - - - - - - - -

❶ one of the 最上級 複数形 「最も~な 複数形 のうちのひとつだ」の形にします。「世界に<u>複数いる偉大なピアニスト</u>のうちの1人」を表すので、後ろは複数形 pianist<u>s</u> になります。

❷ 比較級の強調 much を使って、is <u>much</u> better than ~ 「~よりはるかに性能が良い」とします。また、「新しい iPad の<u>性能</u>」と「旧型 iPad の<u>性能</u>」を比べているので、<u>The performance</u> of ~ is much better than <u>that</u> of the old model. とする点に注意してください（この that は前に出てきた単数名詞を受ける役割）。ちなみに、ラテン比較の表現 be superior to ~ 「~より優れている」を使って表すこともできます。

❸ Nothing is 比較級 than ~ .「~ほど 比較級 なものはない」という表現を使います。最上級と同じ内容を比較級で表すことはよくあります（書き換えパターンは166ページ参照）。

（書き換えパターンは166ページ参照）

解答例

> ❶ <u>She is one of the greatest pianists</u> in the world.
> ❷ **The performance of the new iPad** <u>is much better than</u>[is far superior to] that <u>of the old model</u>.
> ❸ <u>Nothing is more important than</u> your health.

# Part 2

## Lesson 45 比較:「〜するほど」を書く

---

### 例題

❶一生懸命勉強すればするほど、入試に合格する確率が上がるだろう。

※ be likely to 〜 を使う

_____ pass the entrance exam.

❷たくさん漫画を読めば読むほど、日本の文化についてより詳しくなるでしょう。

_____ about Japanese culture.

❸そのサービスはもう利用できない。

That service is _____ .

---

## ▶ "the + 比較級" の表現

1 the 比較級 of the two「2つのうちで〜なほう」
2 all the 比較級 for[because] 〜「〜なので、その分だけますます比較級だ」
3 The 比較級 sv, the 比較級 SV.「sv すればするほど、SV だ」

1 the は「共通認識できる」ときに使いますが、「2つのうち〜なほう」と言えば、必ずどちらを指すかわかりますよね。みんなで共通認識できるので、the を使うわけです。

［例］ユイナは窓のそばに立っている2人の女性のうち、背が低いほうだ。

　　　Yuina is the shorter of the two women standing by the window.

2 all はただの「強調」、the は「その分だけ」という意味です（指示副詞と呼ばれます）。そして for・because は「理由」を表し、all the 比較級 for[because] 〜 で「〜を理由に(for[because] 〜)、その分だけ比較級だ（all the 比較級)」となります。

［例］欠点があるから、なおさら私は彼が好きだ。　I like him all the better for his faults.

3 英作文ではとてもミスが多いところなので、以下の2パターンに気をつけてください。

①「形容詞・副詞を修飾する」パターン

「〜に興味を持つようになればなるほど」を表したいとき、（×）The more you become interested in 〜 としてはいけません。あくまで become interested in 〜 を比較級 "become more interested in 〜" にするので、この "more+形容詞" をまとめて前に出します。正しくは（〇）The more interested you become in 〜 です。

［例］彼女は K-pop に興味を持つようになればなるほど、コンサートチケットにより多くのお金を費やすようになった。

The more interested she became in K-pop, the more money she spent on concert tickets.

② 「名詞を修飾する」パターン

「たくさんの本を読めば読むほど〜」と表したいとき、（×）The more you read books, 〜 としてはいけません。many books を比較級 "more books" にするので、この "more+名詞" をまとめて前に出します。正しくは（○）The more books you read, 〜 です。必ず「元の形を作る」→「カタマリはまとめて前に出す」というステップで考えてください（先ほどの例文でも "more+名詞" が前に出て、the more money となっていますね）。

［例］たくさん本を読めば読むほど、賢くなる。

The more books you read, the smarter you become.

┌─【比較級を使った慣用表現】─────────────────────
│
│ □ 比較級 and 比較級 「ますます〜だ」
│　※ more をつけて作る比較級の場合は "more and more 原級" の形になる
│ □ no longer 〜 「もはや〜でない」　※ not 〜 any longer でも OK
│
└────────────────────────────────────

## 📖 例題の解説

❶ The 比較級 sv, the 比較級 SV. 「sv すればするほど、SV だ」の形にします。前半は The harder you study「一生懸命勉強すればするほど」です。後半は be likely to 〜「〜しそう・〜する確率が高い」を使いますが、「確率が上がる」を表すために "more likely" にします。この "more+形容詞" をまとめて前に出して、the more likely you are to pass 〜 とすれば OK です。

❷ "more+名詞"（more comics）をまとめて前に出し、The more comics you read, 〜 とするのがポイントです。後半は「〜についてより詳しくなるだろう」→「〜についてより知る[学ぶ]だろう」と考え、the more you will know[learn] about 〜 とします。

❸ no longer 〜 ／ not 〜 any longer「もはや〜でない」という表現を使います。available「利用できる・入手できる・都合がつく」はとても便利な単語です。「スタンバイ OK」のイメージで、「物がスタンバイ OK」→「利用できる・入手できる」、「人がスタンバイ OK」→「都合がつく」となりました。

解答例

┌────────────────────────────────────
│ ❶ The harder you study, the more likely you are to pass the entrance exam.
│ ❷ The more comics[manga] you read, the more you will know[learn] about
│ 　 Japanese culture.
│ ❸ That service is no longer available. ／ That service is not available any longer.
└────────────────────────────────────

# Part 2

## Lesson 46　to不定詞を使いこなす(1)

**例題**

❶ 誰かが発表しているときに、スマホでメッセージを送るのは失礼だ。

_____ text messages on your phone when someone is making a presentation.

❷ 何か書くものが必要だったので、ペンを買った。

_____ , so I bought a pen.

❸ 学校は子どもの思考力を養うべきだ。

Schools should foster children's _____ .

---

### ▶ 形容詞的用法（1）：文末に前置詞が残るパターン

　形容詞的用法は、" 名詞 to 〜 " の形で「直前の名詞を修飾」します。英作文で特に注意が必要なのが、（1）「文末に前置詞が残るパターン」と（2）「同格」です。

　たとえば、a friend to play with「一緒に遊ぶ友達」では、a friend を to play with が後ろから修飾しています。これは play with a friend「友達と一緒に遊ぶ」という形が前提にあるため、a friend to play with と必ず前置詞 with が残るわけです。

┌─【「前置詞が残る」頻出パターン】　※前置詞は訳さないことが多い ─────────┐

□ a house to live in　「住む家」　　　　　　　　□ a chair to sit on　「座るイス」
□ a friend to play with　「一緒に遊ぶ友達」
□ something to write with　「何か書くもの（ペンなど）」
□ something to write on　「何か書くもの（紙など）」
□ something to write about　「何か書くもの（書くネタ・題材など）」

└──────────────────────────────────────────────────┘

---

### ▶ 形容詞的用法（2）：同格

「抽象名詞（time や ability など目に見えない抽象概念）」を修飾する場合、to 不定詞は「同格関係」を作ります。たとえば、time to study English「英語を勉強する時間」では、time を to study English が単純に「詳しく説明するだけ」の同格関係です。まず "time" と漠然と言っておいて、次に「（その時間とは）英語を勉強する」と説明しているわけです。

【同格関係を作る「抽象名詞」の例】

**1　もともと to をとる表現が名詞化されたもの**

☐ plan「計画」　　　☐ need「必要性」　　　☐ promise「約束」

☐ decision「決定」　☐ ability「能力」

**2　time など特定の名詞**　※関係副詞の先行詞が多い

時：☐ time「時間」　　☐ chance・opportunity「機会」　　場所：☐ place「場所」

手段：☐ way「方法」　　☐ money「お金」　※ money は「物を買う手段」とみなせる

注意 「〜の能力」の表し方：be able to 〜「〜することができる」の able が名詞 ability になっても、同じように直後に to をとります。ability to 〜「〜する能力・〜の能力」は英作文で非常によく狙われます。

be able to 〜「〜することができる」
　　↓　※形容詞 able → 名詞 ability になっただけで、to 〜 はそのまま
ability to 〜「〜する能力」

※「〜の能力」を機械的に ability of 〜 と書くミスが目立ちますが、これは「〜が持つ能力」です。
　ability of 人 to 〜 で「人 が持つ（人 の）〜する能力」を表します（人 は便宜上の表記）。

［例］ホッキョクグマが極寒の場所で生きる能力は驚異的だ。

　　The ability of polar bears to live in extremely cold places is amazing.

## 📖 例題の解説

❶ 仮主語構文を使って、It is rude to 〜「〜するのは失礼だ」とします（to 不定詞の名詞的用法）。text message は「（主に携帯電話でやりとりされる）ショートメッセージ・テキストメッセージ」のことです。

❷ 文脈上「何か書くもの」＝「何か書く道具（ペンなど）」とわかるので、something to write with とします。この with は「道具（〜を使って）」を表し、write with a pen「ペンを使って書く」などが前提になっているわけです。

❸ ability to 〜「〜する能力」の形を使い、children's ability to think「子どもの考える力・思考力」とすればOKです。ability of 人 to 〜「人 が持つ（人 の）〜する能力」の形で、the ability of children to think と表すこともできます。

解答例

❶ <u>It is rude to send</u> text messages on your phone when someone is making a presentation.

❷ <u>I needed something to write with</u>, so I bought a pen.

❸ Schools should foster children's <u>ability to think</u>.　※ foster「養う」

119

# Part 2

## Lesson 47 to不定詞を使いこなす(2)

🎧 47

### 例題

❶ そのスマホは大きすぎて、私のポケットに入らない。

That smartphone _____ to fit into my pocket.

❷ 株式投資で裕福になるのが簡単だと考えているなんて、彼は頭がおかしいに違いないよ。

He must be crazy _____ get rich by investing in stocks.

❸ このエアコンのフィルターはとても手入れ（掃除）しやすい。

The filter of this air conditioner is _____ .

## ▶ 副詞的用法の基本

1 目的・結果系
- ◆ 目的「〜するために」　※「意志を持つ動作動詞（study など）」がくる
- ◆ 結果「その結果〜だ」　※「無意志動詞（grow up など）」がくる

2 理由系
- ◆ （感情の）原因「〜が原因で」　※ "感情表現+to 〜 " の形
- ◆ （判断の）根拠「〜するなんて」※「断定表現（must）」「主観表現（人の性質など）」

3 形容詞・副詞を限定
- ◆ 程度「〜する点において」　※ too 〜 to ...「あまりに〜なので…だ／…するには〜すぎる」／ 〜 enough to ...「…するには十分〜だ」
- ◆ 難易形容詞を修飾「〜する点において」

## ▶ 難易形容詞の使い方

　英作文でミスしやすいのが「難易形容詞を修飾する」用法です。easy「易しい」や difficult「難しい」には特殊な使い方があり、これらを「難易形容詞」と呼ぶことにします。

┌ 【難易形容詞】
- ◆ 難しい系：difficult・hard・tough「難しい」／ dangerous・unsafe「危険な」／ impossible「不可能な」
- ◆ 易しい系：easy「簡単な」／ pleasant「楽しい」／ interesting「興味深い」／ convenient「都合が良い」／ nice「快適な」／ safe「安全な」

---

【難易形容詞の使い方】

1  It is dangerous to swim in this river in June. 「6月にこの川で泳ぐのは危険だ」

2  This river is dangerous to swim in ⬚ in June.
　　　　　　　　　　　　　　　　↑ 欠けた状態（＝ 不完全）

---

　1 は普通の「仮主語 It・真主語 to 〜」の形です。この It is 難易 to 〜 を 2 に書き換えるイメージで、S is 難易 to 〜 の形で使うことができます。this river を先頭に移動するので、2 の文末は「（名詞が欠けた）不完全な状態」になるのがポイントです。

［例］この辞書は私にとって眼鏡をかけなければ読みにくい。

　　　This dictionary is difficult for me to read without my glasses.

## ▶ 完了不定詞

　普通の to 〜 は「主節と同じ時制」ですが、完了不定詞（to have p.p.）は「主節より 1 つ前の時制」を表します。たとえば、He seems to have been rich.「彼はお金持ちだったようです」は、「過去」に rich だったと「今」予想しています。主節が現在形（seems）なので、完了不定詞（to have been）は「主節より 1 つ前の時制」＝「過去」を表すわけです。すでに Lesson14の S is said to have p.p. などでも扱いましたね。

## 📖 例題の解説

❶ too 〜 to ...「〜すぎて…できない」を使います。この to は「限定」を表し、「私のポケットに入るという点で（to fit into my pocket）、大きすぎる（too big）」となります。

❷「判断の根拠」を表す to 不定詞を使い、He must be crazy to think 〜「〜と考えているなんて、彼は頭がおかしいに違いない」とします。その後は仮主語構文を使って、it is easy to get rich「裕福になるのは簡単だ」とすれば OK です。

　※ must「〜に違いない」と言ったり、crazy「頭がおかしい」というキツイ言葉を人に浴びせた以上、きちんとその理由を示す必要がありますね。その「理由」を to 〜 で表しているわけです。

❸ 難易形容詞 easy を使って、〜 is very easy to clean. と表します（他動詞 clean の目的語が欠けた不完全な状態）。この to も「限定」を表し、「手入れするという点で（to clean）とても簡単だ（very easy）」→「とても手入れしやすい」ということです。

解答例

❶ That smartphone is too big to fit into my pocket.
❷ He must be crazy to think it is easy to get rich by investing in stocks.
❸ The filter of this air conditioner is very easy to clean.

## Lesson 48 to不定詞を使いこなす (3)

🎧 48

**例題**

❶（自分の）パスワードを変えようとしたとき、ちょっとした問題が生じた。

I ran into a small problem when _____ .

❷記者会見で、CEO（最高経営責任者）は売上不振について知らないふりをした。

At the press conference, the CEO _____ the poor sales results.

❸疑問点がございましたら、遠慮せずにご連絡ください。

_____ if you have any questions.

## ▶ 後ろに to ～ をとる動詞

英作文では、後ろに to ～をとる動詞と -ing をとる動詞をきちんと区別する必要があります。「前向き・未来志向」のイメージに合う動詞は、後ろに to 不定詞をとる傾向があると押さえると、以下の動詞も納得できるでしょう。

---

**【不定詞をとる動詞の例 1】**

**1 希望・申し出**

☐ want to ～ 「～したい」 ☐ hope to ～ 「～したい」

☐ would like to ～ 「～したい」 ☐ offer to ～ 「～しようと申し出る」

**2 計画・決心**

☐ plan to ～ 「～する計画だ」 ☐ decide to ～ 「～に決める」

**3 チャレンジ**

☐ try to ～ 「～しようとする」 ☐ attempt to ～ 「～しようとする」

**4 積極的**

☐ manage to ～ 「何とか～やりとげる」 ☐ afford to ～ 「～する余裕がある」

☐ come[get] to ～ 「～するようになる」 ☐ learn to ～ 「～できるようになる」

---

また、「未来の行為」→「これから 1 回（だけ）起こること」と派生して、「単発」のニュアンスを持つ動詞も to 不定詞との相性が良いです。少しだけ否定的な動詞もありますが、これも「~~前向き~~←未来志向」といった感じで、「未来志向」の部分に注目すれば OK です。

【不定詞をとる動詞の例2】

5 **単発**

☐ happen to ～ 「たまたま～する」　　☐ pretend to ～ 「～のふりをする」

☐ seem to ～ 「～のようだ」　　☐ appear to ～ 「～のようだ」

6 **否定**

☐ refuse to ～ 「～を拒む」　　☐ hesitate to ～ 「～をためらう」

☐ fail to ～ 「～しない」

## ▶ be to 構文

　5つの訳し方（予定・意図・義務・可能・運命）があるとされる be to 構文ですが、実はすべて「これから～することになっている」という意味を根底に持ちます。to は「未来志向」なので、be to ～ の直訳は「これから～する（to）状態だ（be）」となりますね。

　たとえば、They are to be married. は「これから結婚することになっている」と考えればOK です。従来「予定」と訳されますが、実際には「結婚する予定」、「結婚する意図」、「結婚は義務」、「結婚が可能」、「結婚する運命」という5つの意味が絡み合っているのです。

> **Point**
> 1 「前向き・未来志向」の動詞は後ろに to ～ をとる！
> 2 "be to 構文" の本質は「これから～することになっている」！

## 📖 例題の解説

- - - - - - - - - - - - - - - - - - - - - - - - - - - - - - - - - - - - - - - - - - - - - - - - - -

❶ try to ～ ／ attempt to ～「～しようとする」を使います。

❷ pretend to ～「～のふりをする」を使います。「（本当は違うけど）今回だけは～のふりをする」という単発のイメージから、後ろには to 不定詞をとります。to 不定詞の動作を否定するときは、not を to ～ の直前に置けば OK です。

❸ hesitate to ～「～をためらう」を使って、Don't hesitate to ～ .「～することをためらわないで」→「遠慮なく～して」とすれば OK です。ほぼ同じ意味の Feel free to ～ .「自由に～して・遠慮なく～して」もセットで押さえておきましょう（どちらも英作文で超頻出）。

解答例

❶ I ran into a small problem when I tried[attempted] to change my password.
　※ run into ～「～に出くわす・ぶつかる」

❷ At the press conference, the CEO pretended not to know about the poor sales results.

❸ Don't hesitate[Feel free] to contact me if you have any questions.

# Part 2

## Lesson 49 -ing（動名詞）を使いこなす

🎧
49

### 例題

❶ 毎日パソコンを10時間使うのは目に悪い。

_____ is bad for your eyes.

❷ 私は宿題をするのを明日に先延ばしにした。

_____ until tomorrow.

❸ 彼は一人暮らしに慣れていない。

_____ on his own.

## ▶ 動名詞もイメージで攻略できる

　動名詞のイメージは「to 不定詞と逆」と考えてください。「to 不定詞は前向き⇔動名詞は後ろ向き（中断・逃避）」、「to 不定詞は単発⇔動名詞は反復」となります。

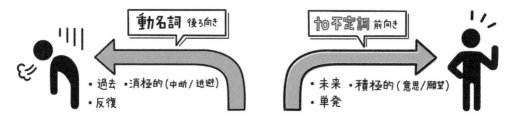

　「中断・逃避・反復」のイメージを持つ動詞は、後ろに -ing をとると考えれば OK です。

### 【-ingをとる動詞の例】

**1 「中断」のイメージ**

☐ stop ／ quit ／ give up 「やめる」　　☐ finish 「終える」

**2 「逃避」のイメージ**

☐ miss 「逃す」　　　　　　　　　☐ avoid ／ escape ／ help 「避ける」

☐ put off ／ postpone 「延期する」

☐ object to -ing ／ be opposed to -ing 「〜に反対する」　　☐ deny「否定する」

**3 「反復」のイメージ**

☐ practice 「練習する」　　　　　☐ enjoy 「楽しむ」 ※何度も反復して楽しむ

☐ be used to -ing 「〜することに慣れている」 ※反復して慣れる

124

□ consider 「考える」 ※反復して考える

□ mind 「気にする」 ※嫌なことを反復して考える

□ look forward to -ing 「〜を楽しみに待つ」 ※楽しいことを反復して考える

**Point**

「中断・逃避・反復」（のどれか1つ）のイメージを持つ動詞は動名詞をとる！

### ▶ to 〜 と -ing を両方とる動詞

　後ろに to 〜と -ing を両方とり、後ろの形によって意味が変わる動詞もありますが、to がついたら「これから〜する（未来志向）」、-ing の場合は「過去に〜した（過去志向）」と考えれば OK です。

┌【to不定詞と-ingの両方をとる動詞】

□ remember to 〜 「（これから）〜するのを覚えている」

□ remember -ing 「（過去に）〜したのを覚えている」

□ forget to 〜 「（これから）〜するのを忘れる」

□ forget -ing 「（過去に）〜したのを忘れる」

□ regret to 〜 「残念ながら〜する」 ※直訳「これから〜したら後悔する」

□ regret -ing 「（過去に）〜したのを後悔する」

□ stop to 〜 「立ち止まって〜する」※この to 〜は不定詞の副詞的用法「〜するために」

□ stop -ing 「〜するのをやめる」 ※「過去〜現在まで反復していたことをやめる」

### 📖 例題の解説

❶「毎日パソコンを10時間使うこと」は（毎日）反復することなので、動名詞を使って表します。to 不定詞は「単発」のイメージですし、to 不定詞を使って主語を作ると、多くの場合「格言」や「上から目線のアドバイス」といった少し堅い感じになってしまいます。主語を作るときは、まず「動名詞」か「仮主語」を第一候補にしてください。

❷ put off -ing ／ postpone -ing「〜するのを延期する」を使います。延期とは「明日でいいや」という「現実逃避」なので、後ろに -ing をとります。

❸ be used to -ing「〜することに慣れている」を使います。「何度もくり返して慣れていく」という「反復」のイメージなので、後ろに -ing をとります（この to は前置詞）。

解答例

❶ Using a[your/the] computer for ten hours a[every] day is bad for your eyes.

❷ I put off[postponed] doing my homework until tomorrow.

❸ He is not used to living on his own. ※ on one's own「1人で」

# Part 2

## Lesson 50  -ingとp.p.（分詞）を使いこなす

### 例題

🎧 50

---

❶ 彼女の講義はとても退屈だった。

Her lecture _____ .

❷ 私は AI の急速な発展に驚いている。

_____ how fast AI is advancing.

❸ 彼は足を組んだまま椅子に座っていた。

He sat on the chair _____ .

---

## ▶ 分詞の基本

分詞とは -ing や p.p. が「形容詞」の働きをするものです。ここで大事なのが -ing と p.p. の使い分けで、「名詞が〜している」という能動関係のときは "-ing"、「名詞が〜される」という受動関係のときは "p.p." を使います。

## ▶ 感情動詞は原則「〜させる」という意味

まず、英語の感情動詞は「〜させる」型の意味になるのが基本です。たとえば、excite は「ワクワクする」ではなく、「ワクワクさせる」です。この「〜させる」という意味を念頭に置いて、以下の感情動詞を一気にチェックしましょう。

【感情動詞】

**1 ワクワク系**：□ amuse「楽しませる」　□ interest「興味を与える」
　　　　　　　□ excite「ワクワクさせる」　□ thrill「ワクワクさせる・ドキドキさせる」
　　　　　　　□ please ／ delight「喜ばせる」　□ satisfy「満足させる」
　　　　　　　□ relieve「安心させる」
**2 感動系**：□ move ／ touch「感動させる」　□ impress「（良い）印象を与える」
**3 魅了系**：□ attract「興味を持たせる」　　□ fascinate「魅了する」
　　　　　　□ absorb「夢中にさせる」
**4 驚き系**：□ surprise ／ amaze ／ astonish「驚かせる」　□ shock「ショックを与える」
**5 疲労系**：□ bore「退屈させる」　□ tire ／ exhaust「疲れさせる」

6 失望系：□ embarrass「恥ずかしい思いをさせる」　□ confuse「混乱させる」
　　　　　　□ depress ／ disappoint ／ discourage「がっかりさせる」
　　　　　　□ disgust「うんざりさせる」
7 怒り・狼狽系：□ annoy ／ irritate「イライラさせる」
　　　　　　　　□ offend「不快にさせる・怒らせる」
　　　　　　　　□ upset「狼狽させる・むしゃくしゃさせる」
　　　　　　　　□ bother「悩ませる・悩む」
8 恐怖系：□ scare ／ frighten ／ terrify「怖がらせる」

　そして、-ing は「その気持ちに<u>させる</u>ような」、p.p. なら「その気持ちに<u>させられる</u>ような」と考えれば OK です。たとえば exciting は「ワクワク<u>させる</u>ような」で、excited なら「ワクワク<u>させられる</u>ような」→「ワクワクした」となります。

> **Point**
>
> 「その気持ちに<u>させる</u>」→ -ing ／「その気持ちに<u>させられる</u>」→ p.p.

## ▶ 「付帯状況」を表す "with OC"

　with OC「O が C のままで」という形が頻出です。OC は「s'+v' の関係」になり、O と C が「能動関係」→ -ing、「受動関係」→ p.p. という考え方はまったく同じです。

┌─【"with OC"の頻出パターン】──────────────────────────────
│
│　□ with one's eyes closed「目を閉じて」　　□ with one's arms folded「腕を組んで」
│　□ with one's legs crossed「足を組んで」　□ with one's mouth open「口を開けたままで」
│
└─────────────────────────────────────────────

## 📖 例題の解説

- - - - - - - - - - - - - - - - - - - - - - - - - - - - - - - - - - - - - - - - - - - - -

❶「彼女の講義が（私を）退屈<u>させる</u>」という能動関係なので、boring（-ing）です。

❷「私は〜に驚かされる」という関係なので p.p. を使い、I'm surprised at 〜「私は〜に驚いている」とします。at の後ろには、今回のように名詞節（how fast AI is advancing「どれほど AI が急速に発展しているか」）がくることも多いです。「感情の原因」を表す to 不定詞を利用した、be surprised to 〜「〜して驚く」もよく使われます。

❸ with OC「O が C のままで」の形を使います。英語では「足が（脳からの命令で）cross される」という受動関係と考えるので、with his legs <u>crossed</u>（p.p.）とします。

解答例

┌──────────────────────────────────────────────
│
│　❶ Her lecture <u>was very[so] boring</u>.
│　❷ <u>I'm surprised[amazed/astonished] at</u> how fast AI is advancing.
│　❸ He sat on the chair <u>with his legs crossed</u>.
│
└──────────────────────────────────────────────

# 演習問題

　Lesson42 〜 50までの内容に関連した入試問題に挑戦してみましょう。わからないとき
は解説を読み、本文に戻って内容を振り返るようにしてください。

## 問題

**❶**『源氏物語』（*The Tale of Genji*）は、1920年代に英語に翻訳されて以来、多くの国々で
読まれてきた。 （日本女子）

_____ .

**❷** イギリスの人口は日本の人口のおよそ半分です。 （東京歯科）

_____ .

🔑ヒント > 「イギリス」: the UK ／「（人口が）多い」: large

**❸** 気候変動は、すべての国が早急に対処しなければならない最も重要な問題の一つである。 （成城）

_____ .

🔑ヒント > 「早急に」: immediately

**❹** 注意深ければ注意深いほど、間違いを犯さなくなる。 （学習院）

The more _____ .

**❺** 重要なことは私達に間違った情報を見抜く能力があるかどうかということだ。 （札幌）

_____ .

🔑ヒント > 「見抜く」: identify ／「間違った情報」: incorrect information

**❻** あのような不注意なミスをするとは、彼女はとても疲れていたにちがいない。 （日本女子）

_____ .

🔑ヒント > 「不注意な」: careless

**❼** 彼女はこのホテルに5時までに到着することになっていた。 （学習院）

She was _____ 5 p.m.

❽近いうちにまたお便りをいただけるのを楽しみにしています。 (日本女子)

_____ .

🔑ヒント › 「近いうちに」: soon

❾彼女が試合に勝ったと聞いて、私は驚いた。 (日本女子)

_____ .

🔑ヒント › 「試合に勝つ」: win the match

## 解説＆解答例

### ❶完了形 + 受動態 "have been p.p." ➡ Lesson 42

「(1920年代〜現在まで) 読まれてきた」なので、「完了形 + 受動態 (have been p.p.)」を使って has been read in many countries since 〜「〜以来、多くの国々で読まれてきた」とします。
「英語に翻訳された」は、translate A into B「A を B に翻訳する」を受動態にして、A is translated into B「A が B に翻訳される」の形で表します。「1920年代に」は in the 1920s です (the 数字 s「〜年代」)。前半・後半ともに行為者 (誰が読んできたか？・誰が翻訳したか？) を述べる必要がないので、受動態でバッチリですね。

> | 解答例 |
> *The Tale of Genji* has been read in many countries since it was {first} translated into English in the 1920s.

### ❷「Aの約半分〜だ」:about half as 〜 as A ➡ Lesson 43

倍数表現は X times as 〜 as A「A の X 倍〜だ」が基本ですが、「半分」には half を使います。half as 〜 as A「A の半分〜だ」の直前に about「約」を置いて、〜 is <u>about</u> half as large as that of Japan.「〜は日本の人口の約半分だ」とすれば OK です。that は前に出てきた単数名詞 (the population) を受けています。また、「population (人口) が多い・少ない」には large・small を使う点も大切です (167ページ参照)。
ちなみに、half 名詞「名詞の半分」の形を利用し、〜 is about half that of Japan.「〜は日本の人口の約半分だ」と表すこともできます。

> | 解答例 |
> The population of the UK[the United Kingdom] is about half as large as that of Japan.
> (別解) The population of the UK[the United Kingdom] is about half that of Japan.

### ❸「最も 複数形 のうちのひとつだ」➡ Lesson 44

climate change「気候変動」には原則 the は不要です。「最も重要な問題の一つ」は one of the 最上級 複数形 の形を使って、one of the most important problems<u></u> とします。その後は関

係代名詞を使い、that all countries must deal with immediately「すべての国が早急に対処しなければならない」と修飾すれば OK です（with の目的語が欠けた「不完全」）。deal with ～「～に対処する」は英作文での重要表現でしたね（79ページ参照）。

※最上級を使うときは「範囲（～において）」を示す必要があるので、この英文はやや不自然ですが、大学入試では十分許容範囲でしょう。

| 解答例 |
Climate change is one of the most important problems[issues] that all countries must deal with[tackle] immediately[right away].

❹ "more+形容詞／fewer+名詞"はまとめて前に出す ➡ Lesson 45

全体は The 比較級 sv, the 比較級 SV.「sv すればするほど SV だ」の形で、前半は The more careful you are「注意深ければ深いほど」とします。careful を比較級 more careful にするので、この "more+形容詞" をまとめて前に出す必要があります。後半は、もともと make fewer mistakes「より少ない間違いを犯す」なので、"fewer+可算名詞" をセットで前に出します。

| 解答例 |
The more careful you are, the fewer mistakes you {will} make.
（別解）The more attention you pay, the fewer mistakes you {will} make.

❺「～する能力」 ➡ Lesson 46

全体は What is important is whether ～.「重要なことは～ということだ」とします（What is important ～「重要なことは～」は73ページで扱いましたね。また、whether は「～かどうか」という意味で名詞節を作っています）。whether 以降は、the ability to ～「～する能力」を利用し、we have the ability to identify incorrect information「私たちが間違った情報を見抜く能力を持っている」とすれば OK です。

| 解答例 |
What is important is whether we have the ability to identify incorrect[false] information.
（別解）The important thing is whether we have the ability to identify incorrect[false] information.

❻「判断の根拠」を表すto ～ ➡ Lesson 47

must have p.p.「～だったにちがいない」の形を使って、She must have been really tired「彼女はとても疲れていたにちがいない」とします。その後は「判断の根拠」を表す to ～ を使い、to make such a careless mistake「そんな不注意なミスをするとは」とつなげれば OK です。「～にちがいない」と言った理由を、to ～ で示すわけです。"such a 形容詞 名詞" の語順もチェックしておきましょう（159ページ参照）。

※ be tired は「疲れている」、be exhausted はそれより程度が大きく「疲れ切っている」という意味です。

| 解答例 |
She must have been really[very/so] tired to make such a careless mistake.
（別解）She must have been exhausted to make such a careless mistake.

## ❼ be to構文は「これから〜することになっている」➡ Lesson 48

日本文「〜することになっていた」に注目します。be to構文を使って、She was to arrive at 〜「彼女は〜に到着することになっていた」とすればOKです。be to構文の「これから〜することになっている」という本質がズバリ問われていますね。また、「5時までに」は期限を表しているので、by が適切です（till・until は「〜までずっと」という継続を表します）。
ちなみに、別解として be supposed to 〜／be expected to 〜「〜するはずだった（予定だった）」を使うことも可能です（suppose／expect の語法は181ページ参照）。

| 解答例 |
She was to arrive at this hotel by 5 p.m.
（別解）She was supposed[expected] to arrive at this hotel by 5 p.m.

## ❽「反復」→ -ing を使う ➡ Lesson 49

look forward to -ing「〜を楽しみに待つ」を使い、I am looking forward to -ing「私は〜するのを楽しみに待っている」とします（この to は前置詞）。「楽しいことを反復して考える」イメージから、後ろには -ing をとります。その後は hear from 〜「〜から便りをもらう」という熟語を利用すればOKです。もしくは「1通の手紙・メールを受け取る」と考え、receive another letter[e-mail] from 〜と表すこともできます。

| 解答例 |
I am looking forward to hearing from you again soon.
（別解）I am looking forward to receiving another letter[e-mail] from you again soon.

## ❾「〜して驚く」：be surprised to 〜 ➡ Lesson 50

「私は驚かされる」という受動関係なので surprised（p.p.）を使って、I was surprised to hear {that} 〜「私は〜と聞いて驚いた」とします。to 〜 は「感情の原因」を表しています。

| 解答例 |
I was surprised to hear {that} she won the match[game].

| Q | | A | 確認テスト |
|---|---|---|---|
| □「現在完了形＋受動態」の形は？ | | have been p.p. | |
| □「Aの約半分〜だ」を表すには？（as 〜 as を使って） | | about half as 〜 as A | |
| □「最も重要な問題の一つ」を英語にすると？ | | one of the most important problems[issues] | |
| □「sv すればするほど SV だ」を表すには？ | | The 比較級 sv, the 比較級 SV. | |
| □「〜する能力」を表すには？ | | {the} ability to 〜 | |
| □ be to 構文の根底にある意味は？ | | 「これから〜することになっている」 | |
| □「〜を楽しみに待つ」を表すには？ | | look forward to -ing | |
| □「〜して驚く」を表すには？ | | be surprised to 〜 | |

## Lesson 51　関係詞：名詞を修飾する

### 例題

🎧 51

❶ おいしいチョコレートを売っているその店は、日曜日は閉まっている（be closed）。

The shop _____ on Sundays.

❷ 彼女はみんなが次のオリンピックで金メダルを取ると思っている選手だ。

She is an athlete _____ in the next Olympics.

❸ 昨日あなたが話していた漫画はまだ読んでいない。

I still haven't read the comic _____ .

## ▶ 関係代名詞の基本

　関係代名詞は「形容詞節」を作ります。形容詞の働きなので「直前の名詞（先行詞）を修飾する」わけです。さらに関係代名詞の後ろについては、主格のときは「S が欠ける」、目的格なら「O が欠ける」ことも大事です。関係代名詞の後ろは「（名詞が 1 つ欠けた）不完全な状態」になります。

> **Point**
> 関係代名詞は…　① 「形容詞節」を作る／② 後ろは「（名詞が欠けた）不完全」

## ▶ 「不完全」のパターン

「不完全」の感覚を苦手にしている受験生が多いので、重要パターンをまとめておきます。

１ S が欠ける：「主格の関係代名詞」を使う

| ① 単純に S が欠ける：～（ ）V | 例：～（ ）φ has ～ |
|---|---|
| ② that 節中の S が欠ける：～（ ）SV v | 例：～（ ）I thought φ was ～ |

２ O が欠ける：「目的格の関係代名詞」を使う

| ① 他動詞の O が欠ける：～（ ）SV（他動詞） | 例：～（ ）I make φ . |
|---|---|
| ② 前置詞の O が欠ける：～（ ）～ 前置詞 . | 例：～（ ）I live in φ . |

「S が不足 → 主格の関係代名詞を入れる」、「O が不足 → 目的格の関係代名詞を入れる」と考えれば OK です。英作文で注意が必要なパターンは例題を通して解説します。

## 📖 例題の解説

❶ 「おいしいチョコレートを売っている」が「その店」を修飾するので、関係代名詞 which を使い、The shop <u>which sells delicious chocolates</u> と表します。先行詞が The shop（単数）なので、関係詞節中の動詞 sells は 3 単現の s が必要ですね。

そして、文の主語はあくまで The shop（単数）なので、文の動詞は is を使う点に気をつけましょう（直前に複数形 chocolates があるからといって惑わされないように）。こういった主語と動詞が離れたときは「Ｓ Ｖ の一致」に注意が必要です。

❷ 「that 節中の Ｓ が欠ける」パターンです。

She is an athlete **who** │everyone thinks {that} φ will get a gold medal in ～│ .
　　　　　　　　　　　　　　　S　　　V　　　　　　　v

will get の「主語」が欠けている

もともとは everyone thinks {that} <u>s</u> will get a gold medal「みんな s が金メダルを取ると思っている」で、そこから s が関係代名詞 who に変わり、前に移動した形です。that 節中において will get の「主語」が欠けているので、主格の who を使います。

※ everyone は単数扱いなので、thinks と 3 単現の s が必要です。また、「オリンピック」は本来 the Olympic Games「オリンピック競技会」と表し、その短縮形が the Olympics です。競技は複数あるので、必ず複数形で使うと意識しておきましょう。

❸ 「前置詞の Ｏ が欠ける」パターンです。

I still haven't read the comic **which** you were talking about φ yesterday.
　　　　　　　　　　　　　　　　　　　　　S　　V（自動詞）前置詞

前置詞 about の「目的語」が欠けている

もともとは you were talking about <u>the comic</u>「あなたはその漫画について話していた」で、そこから the comic が関係代名詞 which に変わり、前に移動した形です。about の部分は日本語に表れにくいので、英作文では前置詞を省略するミスがよく起きてしまいます。きちんと元の形を考えるようにしましょう。

解答例

❶ The shop <u>which[that] sells delicious chocolates is closed</u> on Sundays.
❷ She is an athlete <u>who[that] everyone thinks will get[win] a[the] gold medal</u> in the next Olympics.
❸ I still haven't read the comic <u>which[that] you were talking about yesterday</u>.

# Part 2

# 関係詞：
# 細かい用法を使いこなす

52

## 例題

❶ ウィーンは私が夏休みに訪れてみたい都市だ。

Vienna is the city _____ during my summer vacation.

❷ ウィーンはたくさんの有名な音楽家が生活した都市だ。

Vienna is a city _____ .

❸ 人口が減少している日本は、多くの問題に直面している。

Japan _____ faces many problems.

## ▶ 「前置詞＋関係代名詞」と「関係副詞」

前置詞＋関係代名詞や関係副詞も考え方は同じです。以下の2つの文をつないでみましょう。

Kyoto is a city.　　Many old temples still remain in it.

---

1 Kyoto is a city [ which ] many old temples still remain in]. ※ which だけ前に

2 Kyoto is a city [ in which ] many old temples still remain]. ※ in which を前に

3 Kyoto is a city [ where ] many old temples still remain]. ※関係副詞 where

　和訳：「京都は、いまだに多くの古いお寺が残っている街だ」

---

　1 文末の it を関係代名詞 which に変え、文頭に移動した文です。後ろは前置詞 in の O が欠けた「不完全」な状態になっています。

　2 which だけでなく、「前置詞＋関係代名詞（in which）」をセットで文頭に移動できます（もともと "in it" でカタマリなので、"in which" をセットで移動して OK）。

　3 さらに、副詞句 in it は副詞 there で置き換えられます。there は副詞なので、「関係副詞（where）」を使います。2・3ともに、後ろは「（名詞が欠けていない）完全」な状態です。

## ▶ 関係副詞の後ろは「完全」

　前置詞＋関係代名詞も関係副詞も「形容詞節を作る」という点は同じですが、重要なのは「前置詞＋関係代名詞／関係副詞の後ろは完全」ということです。これは「関係代名詞（後ろは不完全）」との区別でポイントになります。

> 前置詞＋関係代名詞／関係副詞は…　① 「形容詞節」を作る／② 後ろは「完全」 **Point**

## ▶ 制限用法と非制限用法

　関係代名詞の直前にコンマを置く形（〜 , who ... のような形）を「非制限用法」と言います。前の名詞を制限するのではなく、単に「補足説明」を加えるときに使います。

---

1 He has three daughters who are married.　彼には、結婚している娘が 3 人いる 。
2 He has three daughters, who are married.　彼には娘が 3 人いて、全員結婚している。

---

　1 制限用法で「結婚している娘が 3 人いる」と表しています。「結婚している娘が 3 人」というだけで、「結婚していない娘がいる」可能性もあります。

　2 まず「娘は 3 人いる」と言って、その後に「その 3 人は結婚している」と補足説明しています（非制限用法）。この場合、他に娘がいる可能性はなく「娘は全部で 3 人」です。

## 📖 例題の解説
- - - - - - - - - - - - - - - - - - - - - - - - - - - - - - - - - - - - - - - - -

❶ 「私が訪れたい都市」は、the city {which/that} I'd like to visit φ と表します。後ろは他動詞 visit の O が欠けた「不完全」な形です。

❷ 「たくさんの有名な音楽家が生活した都市」は、a city in which[where] many famous musicians lived と表します。❶では後ろが「不完全」なのに対し、今回は後ろが「完全」（live は自動詞で、後ろに何も必要ない）になります。

　※書き言葉では「前置詞＋関係代名詞」をセットで前に出すことが好まれますが、a city which many famous musicians lived in としても OK です（in の O が欠けた不完全）。

❸ 非制限用法を使って、Japan, whose population is decreasing, 〜「日本は人口が減少しており、〜」とします（whose は所有格の関係代名詞）。もし制限用法（コンマなし）を使うと、「人口が減少している日本」の他に、「人口が減少していない日本」が存在するような印象を与えてしまいます。「固有名詞（= そもそも唯一の存在）」は制限する必要がないので、非制限用法を使うわけです。ここは、英作文で本当にミスが多いところです。

解答例

---

❶ Vienna is the city {which/that} I'd like to[I want to] visit during my summer vacation.
❷ Vienna is a city in which[where] many famous musicians lived.
　（別解）Vienna is a city which many famous musicians lived in.　※やや口語的
❸ Japan, whose population is decreasing[declining], faces many problems.

---

# Part 2

## Lesson 53 関係詞: whatや-everを使いこなす

53

**例題**

❶ このアプリは、まさに私が探していたものだ。

This app is exactly _____ .

❷ どこに住んでいようとも、私たちはオンラインで学ぶことができる。

_____ , we can learn online.

❸ どんなにその問題が難しくても、決してあきらめてはいけない。

_____ , you must not give up.

### ▶ 関係代名詞 what の特徴

これまでの関係代名詞（who・which など）・関係副詞が「形容詞節」を作るのに対し、what は「名詞節」を作ります。「後ろは不完全」という点は他の関係代名詞と同じです。

┌─【関係代名詞whatの特徴】────────────────────────

1 「名詞節」を作る　　※他の関係代名詞・関係副詞は「形容詞節」

2 後ろは「不完全」　　※他の関係代名詞と同じ

└─────────────────────────────────────────

［例］私がこれから言おうとしていることは、とても大切なことです。

　　　What I'm about to say is very important.

上の例文では、What I'm about to say φ「私が言おうとしていること」と名詞節を作っていますね。後ろは be about to ～「今まさに～しようとしている」の形で、say の O が欠けた「不完全」になっています。

### ▶ 複合関係詞は「形容詞節だけは作らない」

関係詞に -ever がついたものを「複合関係詞」といいます。複合関係詞で大事なのは、「形容詞節だけは作らない」という点です（つまり「名詞節・副詞節」を作ります）。

┌─【複合関係詞（複合関係代名詞と複合関係副詞）】──────────────

1 複合関係代名詞：whoever ／ whomever ／ whichever ／ whatever

2 複合関係副詞　：whenever ／ wherever ／ however

└─────────────────────────────────────────

そして、意味はすべて「譲歩（たとえ〜でも）」となります。

※名詞節の場合は「たとえ〜でも、その人［物］は」と名詞化して訳せばキレイになります。

| 複合関係詞 | 名詞節 | 副詞節 |
|---|---|---|
| whoever | たとえ誰であっても、その人 | たとえ誰であっても |
| whomever | たとえ誰であっても、その人 | たとえ誰であっても |
| whatever | たとえ何であっても、それ | たとえ何であっても |
| whichever | たとえどれであっても、それ | たとえどれであっても |
| whenever | ―――― | たとえいつであっても |
| wherever | ―――― | たとえどこであっても |
| however | ―――― | たとえどれくらい〜であっても<br>たとえどんな方法で〜しても |

**Point**

1 関係代名詞 what は…　　①「名詞節」を作る／② 後ろは「不完全」
2 複合関係詞（-ever）は「形容詞節だけは作らない」／意味は「譲歩」と考える

## 📖 例題の解説

❶「私が探していたもの」は関係代名詞 what を使って、what I have been looking for と表します（for の後ろが欠けた「不完全」ですね）。「（過去〜現在にわたって）ずっと探し続けていた」という動作の継続を表しているので、現在完了進行形を使いましょう。

❷ 複合関係詞 wherever を使って、Wherever we live「どこに住んでいようとも」とします。副詞節の -ever は "no matter 疑問詞" の3語で表すことも可能で、No matter where we live としても OK です。ちなみに、文末の online「オンラインで」は副詞として使われており、直前に前置詞は不要です。現代では欠かせない単語なので、正しく使えるようにしておきましょう。

❸ 複合関係詞 however を使って、However difficult the problem is「どんなにその問題が難しくても」とします（≒ No matter how difficult the problem is）。however は単独で使うと「たとえどんな方法で〜しても（手段・方法）」ですが、直後に形容詞・副詞がくっつくと「たとえどれくらい〜であっても（程度）」を表します（この区別は how と同じでしたね）。

**解答例**

❶ This app is exactly <u>what I have been looking for</u>.
❷ <u>Wherever[No matter where] we live</u>, we can learn online.
❸ <u>However[No matter how] difficult[hard] the problem is</u>, you must not give up.

Lesson 54

# 接続詞：文をつなぐ

### 54

**例題**

❶ 昨日あの映画を見に行ったけど、本当に面白かったよ。

I went to see that movie yesterday _____ .

❷ 私は新しい iPhone が発売されるとすぐに買った。

_____ it went on sale.

❸ いったん泳ぎ方を身につければ決して忘れない。

_____ , you will never forget.

## ▶ 等位接続詞の注意点：「〜だが」の表し方

「〜だが」「〜けれど」という日本語を見ると、つい but を使いたくなりますが、but はあくまで「逆接」を表します。たとえば、「昨日遊園地へ行ったのだが、閉まっていた」なら逆接なので but を使えますが、「昨日遊園地へ行ったのだけど、とても楽しかったよ」には but は使えません（前後の内容が逆の関係にはなっていませんね）。こういった「単なる前置き・話題の提示」のときは、but ではなく「and を使う」か「文を区切る」必要があるわけです。

**【「〜だが」の表し方】**

◆ 逆接 → but を使う

◆ 単なる前置き・話題の提示 → and を使う／文を区切る

## ▶ 従属接続詞をマスターする

従属接続詞の「意味」は誰でも意識するのですが、「形」を意識しない人がものすごく多いです。まずは以下の形をとると確認してください。

**【従属接続詞がとる形】** ※従属接続詞のカタマリは「副詞節」を作る

(従属接続詞 sv), SV. ／ SV (従属接続詞 sv).　※どちらも意味は同じ

この形を意識したら、英作文で大事な従属接続詞の「意味」をチェックしていきましょう。

---

【重要な従属接続詞】

1 **時**：□ when「〜するとき」　　□ while 「〜する間に」　　□ before「〜する前に」

　　　□ after「〜する後に」　　□ till／until「〜までずっと」　□ since「〜から今まで」

　　　□ as soon as「〜するとすぐに」　　□ by the time「〜するまでには」

　　　□ every time「〜するたびに」　　□ whenever「〜するときはいつでも」

2 **条件**：□ if「もし〜なら」　□ unless「〜しない限り」　□ once「いったん〜すれば」

　　　　□ in case「〜する場合は・〜するといけないから」

　　　　□ as[so] long as「〜する限り」　　□ as[so] far as「〜する範囲内では」

　　　　□ given {the fact}「〜を考慮すると・〜を仮定すると」

3 **対比**：□ while／whereas「〜する一方で」

4 **譲歩**：□ though／although「〜だけれども」　　□ even though「〜だけれども」

　　　　□ even if「たとえ〜でも」　　　　□ whether「〜してもしなくても」

5 **理由**：□ because「〜だから」　　　　□ since／as「〜だから」

　　　　□ in that「〜だから・〜という点において」□ now that「今やもう〜だから」

---

## ▶ 時制の重要ルール

　時と条件を表す接続詞について、「時・条件を表す副詞節の中では未来のことでも現在形を使う」という重要ルールがあります。従属接続詞は「副詞節」を作りますが、その副詞節の中では「未来のことでも現在形」で表すわけです。

I'll tell you all about my trip ( when I get back).　　「帰ってきたら、
S　V（未来）　　　　　　　　　　s　　v（現在形）　　私の旅について全部話すよ」

※あくまで副詞節の「中だけ」が現在形になり、副詞節の外（＝主節）では未来を表す形（助動詞など）を使います。例文も主節は I'll tell you 〜 となっていますね。また、「副詞節」の中では現在形ですが、「名詞節」のときは普通に「未来のときは未来の形」にします。

## 📖 例題の解説

- - - - - - - - - - - - - - - - - - - - - - - - - - - - - - - - - - - - - - - - - - - -

❶「昨日あの映画を見に行った<u>けど</u>、本当に面白かった」では、前半は「単なる前置き・話題の提示」なのでandを使います。前半と後半の内容は「逆接」の関係ではありませんね。

❷ SV as soon as sv.「sv するとすぐに SV だ」の形にします。

❸ Once sv, SV.「いったん sv すれば SV だ」の形にします。once は副詞「かつて・一度」ばかり有名ですが、従属接続詞の用法がとても大切です。

解答例

❶ I went to see that movie yesterday <u>and it was really[very/so] interesting[good]</u>.

❷ <u>I bought the new iPhone as soon as</u> it went on sale.　※ go on sale「発売される」

❸ <u>Once you learn how to swim</u>, you will never forget.

# Part 2

## Lesson 55 接続詞:繊細に文をつなぐ

### 例題

🎧 55

❶ 家に帰ったら、メールをチェックします。

I will check my e-mail _____ .

❷ その選手はけがをしていたにもかかわらず、大会で優勝した。

Even _____ , she won the tournament.

❸ 私の覚えている限り、彼女がそんなミスをしたことはない。

_____ , she has never made a mistake like that.

## ▶ if と when の使い分け

「〜したら」と言いたいとき、つい if を使いがちですが、if と when を使い分ける必要があります。if は「〜するかどうかわからないけど、もし〜したら」というイメージです。

> if 〜:「(確実に起きるかわからないが) もし〜したら」
> when 〜:「(確実に起きることはわかっていて) 〜したら」

［例］もし彼が来たら、私たちはもう1つイスを探す必要がある。
　　　If he comes, we'll need to find another chair.　※「彼が来るかどうか」はわからない

［例］彼が来たらミーティングを始めましょう。
　　　When he comes, let's start the meeting.　※「彼が来る」とわかっている

## ▶ even if と even though の使い分け

両方とも「たとえ〜でも」と訳されることがありますが、きちんと使い分けてください。結局のところ even if は if を強調しただけ、even though は though を強調しただけなので、if（未確定）と though（事実）の違いに集約できます。

> even if 〜:「(実際はわからないが) たとえ〜だとしても」
> even though 〜:「(実際そうであるが) 〜だとしても」

［例］彼に経験があっても、その仕事はできない。
　　　Even if he is experienced, he cannot do the job.　※「彼に経験があるか」はわからない

［例］彼に経験があるとしても（彼に経験はあるが）、その仕事はできない。
　　　Even though he is experienced, he cannot do the job.　※「実際、彼には経験がある」とわかる

140

## ▶ because の正しい使い方

because は従属接続詞なので、SV because sv. などの形で使います。

（×）Because SV.　※ Why? で聞かれたときのみ OK
（○）Because sv, SV.　（◎）SV because sv.
（◎）This is because sv.「これは sv だからです」

補足 because は「理由を強調したい」とき、since は「明らかな理由を言う」ときに使う傾向があります。強調したい情報は出し惜しみするため、because は後ろにくることが多いです。一方、since は前に出して Since sv, SV.「sv だから SV だ」の形でよく使います。

## ▶ as far as と as long as の使い分け

よく「条件の意味の場合に as long as を使う」と説明されますが、as long as は「時間」、as far as は「距離・程度」を表すと考えたほうがラクでしょう。

◆「〜する時間内では」に置き換えられる　→　as long as
◆「〜の範囲内では」に置き換えられる　→　as far as

【as far asでよく使われる表現】

□ as far as I know「私の知る限り」　□ as far as I remember「私の覚えている限り」
□ as far as I can see「私にわかる限り」　※ see「わかる」
□ as far as I am concerned「私に関する限り」　□ as far as the eye can see「見渡す限り」

## 📖 例題の解説

❶「家に帰る」という行為は「いつかは確実に起きること」なので、when を使います。if だと「家に帰るか帰らないかわからないけど、もし帰ったら〜」となるので、今回は使えません。「家に帰る」は get[come/return] home です（home は副詞なので直前に前置詞は不要／come home だとこの発言時点では「家にいる」イメージ）。
❷「（実際に）けがをしていたけれども」には、even though 〜 を使います。「けがをしている」は be injured ／ be hurt が適切です（hurt は hurt-hurt-hurt という変化）。
❸ As far as I {can} remember「私の覚えている限り」という表現です。

解答例

❶ I will check my e-mail when I get[come/return] home.
❷ Even though the athlete[player] was injured[hurt], she won the tournament.
❸ As far as I {can} remember, she has never made a mistake like that.

# Part 2

## Lesson 56 接続詞：名詞のカタマリを作る

🎧 56

### 例題

❶ 学校でのスマホ使用を禁止すべきという考えに反対だ。

I do not ＿＿＿＿＿＿＿＿＿＿＿ smartphones should be prohibited at school.

❷ 私はその噂が本当かどうかわからない。

I don't know ＿＿＿＿＿＿＿＿＿＿＿＿＿＿＿＿＿＿＿＿＿＿＿ .

❸ 彼がパーティーに来るかどうかは重要ではない（どちらでもいい）。

It ＿＿＿＿＿＿＿＿＿＿＿＿＿＿＿＿＿＿＿＿＿＿＿＿＿＿＿ .

---

## ▶ 接続詞 that の注意点

that／if／whether の 3 つは「名詞節」も作れますが、I think that 〜「私は〜と思います」の否定形には注意が必要です。「彼は正しくないと思う」をそのまま英語にした（△）I think that he is not right. よりも、前にある think を否定形にするほうが好まれます。英語では「否定語はできるだけ前に置く」のが原則だからです。

| （△）I think that he is not right. | （○）I do not think that he is right. |
|---|---|

※ I hope not.「そうでないといいのですが」や I'm afraid not.「残念ながらそうではありません」は決まり文句なので、not を前に持ってきた形にはなりません。

## ▶ 同格の that

「同格」とは、"名詞 that 〜"の形で直前の名詞を「詳しく説明する」用法です。たとえば、the fact that her painting won an award「彼女の絵が賞を取ったという事実」では、the fact「事実」の後に同格の that を加えて、「どんな事実か？」を説明していますね。

### 【「同格のthat」をとる主な名詞】 ※主に「事実・認識」系

1 **事実系**：□ evidence「証拠」　□ fact「事実」　　□ knowledge「知識」
　　　　　　□ news「知らせ」　□ result「結果」　□ sign「証拠・兆候・目印」
　　　　　　□ decision「決定」
2 **認識系**：□ rumor「うわさ」　□ conclusion「結論」□ idea／thought「考え」
　　　　　　□ opinion「意見」　□ belief「信念」　□ agreement「同意」
　　　　　　□ impression「印象」□ possibility「可能性」

※英作文では、同格が使えない名詞にも to ～ や that ～ をつなげるミスをよく見かけます。同格をとれる名詞をしっかりチェックし、自信のない場合は同格の to ～や that ～は避けてください。

## ▶ 名詞節を作る whether ／ if

whether ／ if ともに「～かどうか」の意味になります。if 節は「主語・補語になれない」など使い方に制限があるのに対し、whether は万能なので、英作文では whether を使うのが無難です。

【if／whetherの意味】

| 接続詞　　　　　何節？ | 副詞節 | 名詞節 |
|---|---|---|
| if | もし～なら／たとえ～でも | ～かどうか |
| whether | ～であろうとなかろうと | |

また、英作文では仮主語 it、真主語 whether ～を使った以下の表現がよく問われます。

**「～するかどうかは重要でない（問題でない・どうでもいい）」**

☐ It doesn't matter whether[if] sv {or not}.　※ matter は動詞「重要である」

☐ It doesn't make any difference whether[if] sv {or not}.

　※ make a difference「差が生まれる・重要である」

## 📖 例題の解説

❶「私はその考えに反対だ」は I do not agree with the idea とします（agree の語法は42ページ参照）。「～という考え」は同格の that を使って、the idea that ～ とすれば OK です。スマホに関する英作文は頻出なので、必ず自分で書けるようにしておきましょう。

❷ 名詞節を作る whether を使って、whether that[the] rumor is true {or not}「その噂が本当かどうか」とします。

❸ It doesn't matter whether sv {or not}.「～するかどうかは重要でない」という表現を使えば OK です。もともとは Whether he comes to the party {or not} doesn't matter. ですが、これだと頭でっかちなので、仮主語 it・真主語 whether ～を使って表した形です。

解答例

❶ I do not agree with the idea that using smartphones should be prohibited at school.

❷ I don't know whether[if] that[the] rumor is true {or not}.

❸ It doesn't matter whether[if] he comes to the party {or not}.

（別解）It doesn't make any difference whether[if] he comes to the party {or not}.

# 演習問題

Lesson51 ～ 56までの内容に関連した入試問題に挑戦してみましょう。わからないとき
は解説を読み、本文に戻って内容を振り返るようにしてください。

### 問題

**❶** たいていの人の意見が一致することが一つあるとすれば、それは幸せになりたいというこ
とだろう。 （関西学院）

_____ , it's that they want to be happy.

**❷** 1603年に始まった江戸時代に旅行の条件は大いに改善した。 （名古屋市立）

_____ .

♪ヒント ﹥ 「江戸時代に」: during the Edo period ／ 「旅行の条件」: travel conditions

**❸** きのうあんなことを言ってごめんなさい。 ★7語で [ I'm sorry / what ] を使って （早稲田）

_____ .

**❹** 彼が帰ってきたらすぐに夕食にしましょう。 ★9語で [supper / soon / home] を使って （早稲田）

_____ .

**❺** 明日、たとえ雨が降ったとしても、私は動物園に行くつもりです。 （愛知学院）

_____ .

**❻** 私にとって、その試合に勝つか負けるかは問題ではありません。ただ全力を尽くすつもり
です。 （日本女子）

_____ .

## 解説＆解答例

### ❶「前置詞のOが欠ける」パターン ➡ Lesson 51

「たいていの人の意見が一致する一つのこと」は関係代名詞 which を使って、one thing which most people agree on[about] φ と表します（前置詞のOが欠けている「不完全」）。もともとは agree on[about] 〜「〜について意見が一致する」で、"〜"の部分が関係代名詞 which に変わり、前に移動した形です（前置詞 on[about] を勝手に省略しないように注意）。

また、most people「たいていの人」は（×）most of people としてはいけません。英作文で本当にミスが多いところなので、most・almost の用法は155ページでしっかり確認しておきましょう。

| 解答例 |
If there's one thing which[that] most people agree on[about], it's that they want to be happy.

### ❷ 関係詞の「非制限用法」➡ Lesson 52

「1603年に始まった江戸時代に」は、非制限用法を使って During the Edo period, which started[began] in 1603, 〜 と表します。仮に制限用法（コンマなし）を使って（×）During the Edo period which started[began] in 1603とすると、「1603年に始まった江戸時代」と「それ以外に始まった江戸時代」があるような印象を与えてしまうのでアウトです。あくまで「江戸時代」を「1603年に始まった」と補足説明しているので、非制限用法を使いましょう。

| 解答例 |
During the Edo period, which started[began] in 1603, travel conditions improved greatly.

### ❸ whatをどう使う？ ➡ Lesson 53

日本文「〜してごめんなさい」と語群 I'm sorry に注目して、I'm sorry for 〜 .「私は〜を申し訳なく思っている」とします（for は「理由」を表す）。

「昨日あんなことを言って」→「昨日言ったこと（に対して）」と考え、語群の what（関係代名詞）を利用し、what I said yesterday とすれば OK です。I'm sorry for what I said yesterday. で、直訳「私は、私が昨日言ったこと（what I said yesterday）を申し訳なく思っている」→「昨日あんなことを言ってごめんなさい」となります。

| 解答例 |
I'm sorry for what I said yesterday.

## ❹ 超頻出の as soon as ➡ Lesson 54

日本文「帰ってきたらすぐに」と語群の soon に注目して、SV as soon as sv. 「sv するとすぐに SV だ」の形を考えます。as soon as の後は、he comes home「彼が（家に）帰ってくる」とすれば OK です。「時・条件を表す副詞節の中では未来のことでも現在形」というルールから、現在形（comes）になる点に注意しましょう。また、home は副詞なので直前に前置詞は不要です。

| 解答例 |
Let's have[eat] supper as soon as he comes home.

## ❺ 「たとえ〜でも」:even if 〜 ➡ Lesson 55

「（実際はわからないが）たとえ雨が降ったとしても」には、even if 〜 を使います。「時・条件を表す副詞節の中では、未来のことでも現在形」というルールから、Even if it rains tomorrow と現在形を使う点にも注意してください（この rain は動詞「雨が降る」）。

「動物園に行くつもり」には、plan to 〜「〜する予定」や be going to 〜「〜するつもり」を使えば OK です。もしくは「〜しても絶対に動物園に行く」と考えて、意志を表す will も使えます。

| 解答例 |
Even if it rains tomorrow, I plan to[I'm going to/I'll] go to the zoo.

## ❻ It doesn't matter {to 人} whether sv. ➡ Lesson 56

1文目：「勝つか負けるかは問題ではありません」は、It doesn't matter whether sv {or not}. 「〜かどうかは重要でない」の形で表します。間に to me「私にとって」を加えて、It doesn't matter to me whether I win the game or not. とすれば OK です（ここで for を使うと不自然）。

※（×）It isn't matter というミスが多いのですが、matter「重要である」は動詞なので be 動詞は使いませんね。

2文目：do one's best「ベストを尽くす」を使います。I will just do my best. とするか、All S can do is {to} 〜「S ができることは〜だけだ」という表現を使って、All I can do is {to} do my best. と表せば OK です。

┌【to 不定詞が補語になる慣用表現】
│ ① All S have to do is {to} 〜「S は〜しさえすればよい」
│ ② All S can do is {to} 〜「S ができることは〜だけだ」

① All S have to do が長い主語で、All の後に関係代名詞 that が省略されています。

┌─────────────────────────────────────
│ All {that} you have to do is {to} 〜　　※ to は省略可能（省略されることがほとんど）
│          S              V  C

直訳「あなたがしなければいけないすべてのことは〜することだ」→「あなたは〜するだけでよい」となりました。

例：All you have to do is answer the question.　その質問に答えさえすればよい。

| 解答例 |
（1文目）It doesn't matter to me whether[if] I win the game[match] or not. ／
It doesn't matter to me whether[if] I win or lose the game[match].
（2文目）I will just do my best. ／ All I can do is {to} do my best.

| Q | A 確認テスト |
|---|---|
| ☐ 「たいていの人の意見が一致する一つのこと」を英語にすると？（one thing 〜） | one thing which[that] most people agree on[about] |
| ☐ 「1603年に始まった江戸時代」を英語にすると？ | the Edo period, which started[began] in 1603 |
| ☐ 「私が昨日言ったこと」を英語にすると？（what を使って） | what I said yesterday |
| ☐ 「〜するとすぐに」を表す従属接続詞は？ | as soon as 〜 |
| ☐ 「（実際はわからないが）たとえ〜でも」を表すには？ | even if 〜 |
| ☐ 「〜かどうかは重要でない」を表すには？（matter を使って） | It doesn't matter whether[if] sv {or not}. |

# Part 2

## Lesson 57 冠詞：aやtheを使いこなす

🎧 57

### 例題

❶ 今、何時かわかりますか？

Do _____ ?

❷ 十分な睡眠をとるのは健康を維持する良い方法だ。

_____ to stay healthy.

❸ 携帯電話は社会を大きく変えた。

_____ society greatly.

### ▶ the は「共通認識」がキーワード

the は「共通認識」できるときに使います。つまり、みんなが「せ〜の…」で一斉に指をさせるなら the を使うのです。以下の用法も「共通認識」で解決します。

1 Open <u>the</u> door, please.　ドアを開けてください。
2 <u>The</u> sun rises in <u>the</u> east.　太陽は東からのぼる。

1 部屋にはドアが 1 つしかない、もしくはこのセリフを言った人・言われた人の間で「どのドアなのかが共通認識できる」状況なので、the が使われています。

2「太陽・東を指さしてみましょう。せ〜の…」と言えば、みんなでいっせいに太陽・東を指させます。「東はどっち？」と言う人はいるかもしれませんが、「どの東？」と聞く人はいませんね。これらは「天体の the」「方角の the」などと説明されますが、「共通認識」からカンタンに理解できるのです。

### ▶ 「たくさんある中の 1 つ」には "a" を使う

共通認識できないとき、つまり「たくさんある中の 1 つ」の場合は a を使います。この「たくさんある中の 1 つ」から派生した、以下の 3 つの意味をチェックしておきましょう。

【aの3つの意味】

1 「ある 1 つ」　　　　　例：in <u>a</u> sense　「<u>ある</u>意味において」
2 「〜につき」　　　　　例：twice <u>a</u> week　「1 週間<u>につき</u> 2 回」
3 「いくらか（のカタマリ）」例：Just <u>a</u> moment.　「<u>ちょっと</u>待って」

## ▶ 総称用法

「○○というものすべて（一般）」と総称的に述べる用法は、英作文ではとても大切です。

### 1 可算名詞の総称用法　※以下の3パターンはすべて総称として使えるが、多少好みがある

① a＋単数形（a cat）　　② the＋単数形（the cat）　　③ 無冠詞・複数形（cats）

①「1つ」を想定するときや、「○○とは〜」と定義を説明するときによく使います。

［例］コアラを見たことある？　Have you ever seen a koala?

② the を使うので、「共通認識できる・みんな知っている」というニュアンスが含まれます。
　この用法には堅い印象があり、「論文」や「ことわざ」で使われる傾向にあります。

［例］ペンは剣より強し。　The pen is mightier than the sword.

③ 3つの中で最も一般的な形です。「個人の好み」にもよく使うので、普段の会話や自己
　紹介で「私は○○が好き」と言うときは、この「the なし複数形」を使ってください。

［例］ネコが大好き。　I love cats.　※総称「ネコというものがみんな好き」

### 2 不可算名詞の総称用法

不可算名詞は複数形にできないので、「無冠詞・単数形（the なしの単数形）」にします。

［例］水は0度で氷になる。Water freezes into ice at zero degrees Celsius. ※ water と ice は総称

## 📖 例題の解説

❶ Do you have the time?「今、何時かわかりますか？」という会話表現です。the time
で「今ここにいるみんなで共通認識できる時間」→「共有している時間」→「現時刻」
を表し、Do you have the time? で「現時刻を何らかの手段で持っていますか（持って
いたら教えてください）」→「今、何時かわかりますか？」となるわけです。

❷ 十分な睡眠をとることは「たくさんある健康を維持する良い方法の中の1つ」ですね。
よって、Getting enough sleep is a good way to 〜 . と a を使います。もし the を使う
と、「共通認識できる」、つまり「十分な睡眠をとることは健康を維持する唯一の方法」
となってしまうため不自然です。ちなみに、get enough sleep「十分な睡眠をとる」／
stay healthy「健康を維持する」という表現は健康の話題で重宝します。

❸「携帯電話（というもの一般）」を表しているので、「無冠詞・複数形」で Cell phones と
すれば OK です。また、「（過去〜現在にわたって）大きく変えた（そして、現在にも影
響が及んでいる）」ということなので、現在完了形が適切です。

> 解答例
>
> ❶ Do you have the time?
> ❷ Getting enough sleep is a good way to stay healthy.
> ❸ Cell phones[Mobile phones] have changed society greatly.
> ※ society は通例無冠詞で「（人間を全体としてとらえた）社会」

# Part 2

## Lesson 58 名詞：複数形にするかしないか

58

### 例題

❶私はフランス人のギタリストと Twitter 上で友達になった。

I made _____ a French guitar player on Twitter.

❷私はこの動画から有益な情報を得た。

_____ from this video.

❸その美術館はゴッホの作品をたくさん所蔵している。

That museum has _____ by Van Gogh.

## ▶ 必ず複数形にする熟語

以下は「複数ないと成立しない」行為です。たとえば、change jobs「転職する」では「今の仕事（辞める仕事）と新しく始める仕事」の複数が必要なので、複数形 jobs になります。

─【複数ないと成立しない行為】────────────────

□ make friends with ～「～と友達になる」　□ shake hands with ～「～と握手する」
□ change trains「電車を乗り換える」　　　　□ change jobs「転職する」
□ exchange seats「座席を交換する」　　　　□ take turns {in/at} -ing「交代で～する」
□ be on 形容詞 terms with ～「～とは 形容詞 の関係だ」

## ▶ 不可算名詞の感覚

不可算名詞は「ハッキリした形がない」もので、以下の 3 パターンに分けられます。

─【1 目に見えない（だからハッキリした形がない）】────────

**情報系**：□ information「情報」　　□ news「ニュース」　　□ advice「助言」
**仕事系**：□ work「仕事」　□ homework「宿題」　　□ housework「家事」
**利害系**：□ fun「楽しみ」　□ progress「進歩」　　□ damage「損害」　　□ harm「害」
**その他**：□ room「空間・余地」　　□ traffic「交通量」

work や homework はあくまで「（働く）人間」や「（宿題で使う）テキスト」が見えるだけであって、「仕事・宿題そのものは目に見えない」というのが英語の発想です。

【2 切ってもOK（だからハッキリした形がない）】

□ water「水」　　□ sugar「砂糖」　　□ bread「パン」　　□ chalk「チョーク」

　たとえば、sugar は角砂糖でも粉状でも、砂糖としての性質は同じです。つまり、どんな形に切ろうが OK なものは「ハッキリした形がない」→「不可算名詞」となるわけです。

【3 ひとまとめ名詞（だからハッキリした形がない）】

□ money「お金（ひとまとめ）」　　　□ baggage ／ luggage「荷物（ひとまとめ）」
□ furniture「家具（ひとまとめ）」　　□ equipment「設備（ひとまとめ）」
□ mail「郵便物（ひとまとめ）」　　　□ scenery「風景・景色（全体）」

　furniture は単に「家具」ではなく、正しい意味は「家具ひとまとめ」です。いろいろな家具（イス・テーブル・ベッドなど）をひとまとめで考えるため、「ハッキリした形がない」→「数えない」という発想なのです。

## ▶ 意味によって可算・不可算が異なる名詞

　2 の「切っても OK なものは数えない」を逆に考えれば、「切ったらダメ」→「数える」ということですね。この発想で以下の使い分けも攻略できます。

□ paper　　①「紙」　※「切っても OK」→ 数えない
　　　　　　②「レポート・論文・新聞紙」　※「切ったらダメ」→ 数える
□ work　　　①「仕事」　※「目に見えない」→ 数えない
　　　　　　②「作品」　※「切ったらダメ」→ 数える

## 📖 例題の解説

- - - - - - - - - - - - - - - - - - - - - - - - - - - - - - - - - - - - - - - - - - - -

❶ make friends with 〜「〜と友達になる」という熟語です。「友達になる相手と自分」の複数が必要なので、複数形 friends になります。

❷ information は「目に見えない」→「不可算名詞」なので、冠詞 an や複数の s はつけません。get information「情報を得る」はネット関係の英作文で非常によく使う表現です。

❸ work は「作品」という意味であれば「切ったらダメ（ハッキリした形がある）」→「可算名詞」なので、a lot of works by Van Gogh と複数形にします。

解答例

❶ I made friends with a French guitar player on Twitter.
❷ I got[obtained] {some} useful information from this video.
❸ That museum has a lot of[many] works by Van Gogh.　※ Van Gogh「ゴッホ」

# Part 2

## Lesson 59 代名詞:「みんな」をどう書くか

🎧
59

**例題**

❶若いときは何にでも挑戦できる。

_____ can try to do anything when _____.

❷私には3人の兄弟がいる。1人は大学生で、残りの2人は働いている。

I have three brothers. _____ have jobs.

❸彼らはお互いに顔を見合わせている（彼らはお互いを見ている）。

_____ .

## ▶ you は「（あなたも私も）みんな」を表せる

「一般の人・（漠然と）人々」を表すとき、やたらと we や they を使う受験生が多いのですが、実際には you がとても便利です。

【「一般の人」を表す代名詞】

1 you：「（あなたも私も）みんな」を表す／「総称の you」と呼ばれる
2 we：話者を含んだ特定集団／地元の天気を語るとき
3 they：we と対比させるもの／「店員・業者・政府・一般のうわさ」に使う
4 one：文語体で「人」を表す／堅苦しい

　1 you には「（あなたも私も）みんな」という意味があります。幅広い範囲で使えるので、「誰にでも当てはまること」を表したいときは、まず you を使うと考えてください。

　2 we は「（対立集団を意識して）私たちの集団」と言うときだけ使います。たとえば、「（昔の人々 ⇔）我々現代人」や「（動物 ⇔）我々人間」といった場合に使われるのです。

　3 they は「we と対立する集団」によく使います。たとえば、we が「現代人」を表している場合、「昔の人々」に they を使うわけです。

## ▶ the other vs. another

「もう1個」を表す the other と another の使い分けは「the と a（an）の違い」にすぎません。たとえばリンゴが2個あるとすれば、1つめが one、残り1つは「どのリンゴか特定（共通認識）できる」ので、the other です。「ラスト1個」は the other と考えても

いいでしょう。

　一方、3個以上なら、1つめは one、2つめは「特定できない」ので a を使う <u>another</u> になります。another は "an+other" なのです。

【the other vs. another】

## ▶ the others vs. others

　複数を指す場合も同じ発想です。たとえば、8個入りのお菓子があって、3個（some）食べたとすると、残りは「5個」と特定（共通認識）できるので、<u>the others</u> になります。

　一方、教室に8人いて、3人はA型とすると、B型の人は特定できません（O型、AB型の人もいれば、血液型不明の人もいますよね）。そのため、the はつかず others で表します。

【the others vs. others】

## 📖 例題の解説

- ❶ 「誰でも・みんな若いときは何でもできる」を表すため、「総称の you」を使います。
- ❷ 「3人兄弟のうち1人は大学生」だと、「残りの2人」は誰のことか特定（共通認識）できるので、<u>the others</u> を使います（the others は「残り全部（全員）」と考えても OK）。
- ❸ each other「お互い」は「代名詞」なので、look <u>at</u> each other と前置詞が必要です。
  自動詞 look の後に名詞は置けないので、（×）look each other は NG です。
  もしくは、他動詞の face「〜に向き合う」を使って、face each other と表すこともできます。each other は英作文でミスが多いので、品詞をしっかり意識しておきましょう。

解答例

> ❶ <u>You</u> can try to do anything when <u>you are young</u>.
>
> ❷ I have three brothers. <u>One is a university[college] student, and the others[other two]</u> have jobs.
>
> ❸ <u>They are looking at[facing] each other</u>.

# Part 2

**Lesson 60** 代名詞：it・one・that／most・almostを使いこなす

🎧 60

❶ 私は昨日スマホをなくしたが、今日見つかった。

_____.

❷ この町には中華料理店が３つあるが、どれも開いていない。

There are three Chinese restaurants in this town, but _____.

❸ 大半の日本人は地震に慣れている。

_____ earthquakes.

---

## ▶ it ／ one ／ that の使い分け

it と one の違いはよく習いますが、実際に英語を使うときは３つの観点が必要です。

| 判別のポイント | it | one | that |
|---|---|---|---|
| 1 特定 or 不特定 | 特定 | 不特定 | 特定 |
| 2 前置修飾 or 後置修飾 | 両方NG | 両方OK | 後置のみOK |
| 3 可算名詞 or 不可算名詞 | 両方OK | 可算のみOK | 両方OK |

1 it は「特定」の名詞を受けて、「ズバリそれ！・世界に１つ」という感じです。一方、one は「不特定（たくさんある同種類の中の１つ）」を受けます。

2 that は前置修飾 NG ですが、後置修飾は OK です（that of America などが有名）。

3 one は「可算名詞だけ」を受けます。そもそも one は「１」なので、「１、２、３…」と数えるものだけを受けるわけです。

［例］ 赤ワインと白ワイン、どっちが好き？　Which do you like better, red or white {wine}?

※ wine は water と同じく「切っても OK」→「不可算名詞」なので、one で受けることはできません。white で終える（反復を避ける省略）か、もう一度繰り返して white wine とします。

---

## ▶ 2 vs. 3 以上

英語の世界で「1 vs. 2 以上」の考え（つまり「単数・複数の区別」）は有名なのですが、実は「2 vs. 3 以上」という考え方もあり、こちらは驚くほど知られていません。特に「3つ以上」は見落としがちなので、しっかりチェックしておきましょう。

| | 2 | 3 以上 |
|---|---|---|
| 両方／全部 | both | all |
| どちらか・どちらも／どれか・どれでも | either | any |
| どちらも〜ない／どれも〜ない | neither | none |

PART
2

## ▶ most・almost の用法

英作文でミスが目立つ most や almost の用法は、2 つの視点から整理しておきましょう。

**1 「品詞」からの視点**

most（one ／ some ／ many ／ all）は「形容詞・代名詞」なので、（○）most boys「大半の少年」、（○）most of the boys「その少年たちの大半」ともに OK です。

一方、almost は「副詞」なので（×）almost boys はアウトです（副詞は「名詞以外を修飾する」働き）。また、代名詞の用法もないので、（×）almost of the boys も NG です。

**2 「特定名詞」という考え方**

A of B の形で「B のうちの A」を表すとき、この of を「部分の of」と呼びます。そして、この「部分の of」の後ろには必ず「特定名詞（the＋名詞／所有格＋名詞／代名詞）」がきます。（○）most of the boys は OK ですが、（×）most of boys はダメということです。

補足 almost は「副詞」なので（×）almost 名詞 はダメですが、一部例外があります。「もともと形容詞だった単語」や「一部に形容詞を残す単語」は almost で修飾できます。

---
1 元は形容詞の単語：almost all of the 〜　※ all は「形容詞・代名詞」
2 一部に形容詞を残す単語：almost everyone ／ almost everything ／ almost anything など
---

## 📖 例題の解説

❶ 後半は「今日見つかった」＝「今日、私が昨日なくしたそのスマホが見つかった」なので、「特定」を表す it を使い、I found it today と表します。

❷ 日本文「3 つあるが、どれも開いていない」に注目します。「2 つ」には neither、「3 つ以上」には none を使うので、none of them are open「（3 つのうち）どれも開いていない」とすれば OK です。none は「no の代名詞バージョン」と考えればいいでしょう。

❸「大半の日本人」は Most Japanese people と表します（この most は「形容詞」）。「〜に慣れている」は be used to 〜（名詞・動名詞）です。

解答例

---
❶ I lost my smartphone[phone] yesterday, but I found it today.
❷ There are three Chinese restaurants in this town, but none of them are open.
❸ Most Japanese {people} are used to earthquakes.
---

# Part 2

# 形容詞の用法を区別する

61

### 例題

❶ 部活のメンバー全員がそのミーティングに出席していた。

All members of the club were _____ .

❷ 来週の日曜日は都合がつきますか？　※ convenient を使って

_____ ?

❸ やるべき宿題がたくさんあるが、家事が本当に多いから宿題をする時間がない。

_____ , but I have no time to do it since I have so much housework.

## ▶ 形容詞の2用法

　名詞を修飾するのが「限定用法」、補語になるのが「叙述用法」です。形容詞は原則両方の用法で使えるのですが、中には「どちらかの用法しかない」ものがあります。

**【限定用法のみ（名詞の前に置く）】** ※onlyなど「限定・強調」系の単語が多い

☐ only「唯一の」　　　☐ main「主要な」　　　☐ elder「年上の」
☐ former「前の」　　　☐ latter「後半の」

**【叙述用法のみ（名詞の前に置けない）】** ※"a-"というスペルが多い

☐ alike「似ている」　　☐ alive「生きている」　　☐ asleep「寝ている」
☐ awake「目が覚めている」

**【限定用法と叙述用法で意味が異なる】**

また、限定・叙述用法どちらも使えるものの、意味が変わる形容詞もあります。

| | 限定用法 | 叙述用法 |
|---|---|---|
| certain | ある | 確かな |
| present | 現在の | 出席している |
| late | 故 | 遅れた※ |

※ late の「遅れた」という意味は限定用法でも使われます。例：one's late 20s「20代後半」

## ▶ 「人を主語にしない」形容詞

形容詞の中には「人を主語にできない」ものがあります。特にミスしやすいのは以下の形容詞で、たとえば（×）You are convenient. ではなく（○）It is convenient for you.「あなたにとって都合がいい」が正しい英語です。

> □ convenient「都合がいい」　□ inconvenient「都合が悪い」　□ necessary「必要な」
> □ possible「可能な・ありうる」　※ impossible は「難易形容詞」

## ▶ 数量形容詞

数量形容詞（数が「多い・少ない」などを表す形容詞や形容詞相当の熟語）は、可算名詞・不可算ごとに使う表現が異なります。

| | 数（可算名詞）に使う形容詞 | 量（不可算名詞）に使う形容詞 |
|---|---|---|
| 「たくさんの」 | many<br>a large number of 〜 | much<br>a great deal of 〜<br>a large amount[quantity] of 〜 |
| 「少しある」（肯定的） | a few | a little |
| 「ほとんどない」（否定的） | few | little |
| 「ほんの少ししかない」（否定的） | only a few | only a little |
| 「ほとんどない」（否定的） | very few | very little |

※ a lot of 〜「たくさんの〜」、some・any「いくつかの」は数・量どちらにも使えます。「たくさんの〜」を表したいときは、常に a lot of 〜 を使うとラクです。

## 📖 例題の解説

----------------------------------------------

❶ 叙述用法で present「出席している」を使い、〜 were present at the meeting.「〜はそのミーティングに出席していた」とします。

❷ convenient は「人を主語にしない」形容詞なので、next Sunday を主語にします。ちなみに、free・available「空いている・都合がつく」を使って、Are you free[available] next Sunday? と表すことも可能です（日常会話ではこちらがよく使われます）。

❸ 可算・不可算の両方に使える a lot of 〜 を使って、a lot of homework to do「たくさんのやるべき宿題」とすれば OK です。homework「宿題」は「不可算名詞」ですね。

※文末の housework「家事」も不可算名詞なので much が使われています。much は主に疑問文・否定文で使いますが、so などで修飾されるときは、肯定文で使っても OK です。

解答例

❶ All members of the club were <u>present at the meeting</u>.

❷ <u>Is next Sunday convenient for you</u>?

❸ <u>I have a lot of homework to do</u>, but I have no time to do it since I have so much housework.

# Part 2

## Lesson 62 副詞：頻度の副詞はどこに置く?

62

### 例題

❶ 天気が良かったので、私は外でランチを食べた。

The weather was nice, so I had _____ .

❷ 彼はめったに会議に遅刻しない。

_____ meetings.

❸ 私はそんなに美しいバラを今まで見たことがない。

_____ such _____ rose.

## ▶ 名詞と混同しやすい「副詞」

副詞の直前に前置詞は不要なので、たとえば「海外へ行く」は（×）go to abroad ではなく、（○）go abroad です。

【名詞と混同しやすい「副詞」】

□ home「家へ」　　　　　□ here「ここへ」　　　　□ there「そこへ」
□ somewhere「どこかへ」 □ anywhere「どこでも」 □ abroad ／ overseas「海外へ」
□ upstairs「上の階へ」　 □ downstairs「下の階へ」 □ downtown「繁華街へ」
□ inside ／ indoors「室内で」　　　　　　　　　　□ outside ／ outdoors「外で」

## ▶ 副詞の位置（1）：「頻度」を表す副詞

always などの「頻度を表す副詞」は、従来「be 動詞の後、助動詞の後、一般動詞の前に置く」と説明されますが、シンプルに「not と同じ位置」と考えれば解決します。

【頻度の副詞】　※パーセンテージは目安です

100%：always「いつも」　　　　20%：occasionally「ときたま」
80%：usually ／ generally「たいてい」 10%：rarely ／ seldom「めったに〜ない」
60%：often ／ frequently「しばしば」 5%：hardly[scarcely] ever「ほとんど〜ない」
50%：sometimes「ときどき」　　 0%：not ／ never「まったく〜ない」

## ▶ 副詞の位置（2）：わがまま副詞

　無数にある副詞の中で、so ／ as ／ too ／ how ／ however の 5 つだけは、"so 形容詞 a 名詞"のような特殊な語順をとります。言ってみれば「わがまま」な性格なのです。

> 1 普通の副詞（very など多数）「謙虚な性格」
>
> very　　She is a very good singer.
>
> 　　　　　　　　　　　「謙虚」なので自ら修飾する相手の元へ
>
> 2 わがまま副詞（so ／ as ／ too ／ how ／ however のみ）「わがままな性格」
>
> so　　　She is so good a ~~good~~ singer.
>
> 　　　　　　　　　　「わがまま」なので good を引っ張り出す

　so は good を修飾したいにもかかわらず、自分が good のそばに行くことはありません。very と違って「わがまま」なので、自分は動かず good を引きずり出すイメージです。

> ┌【わがまま副詞以外で語順に注意するもの】─────────
> │
> │ ◆ such ／ quite ／ what：such a 形容詞 名詞
> │ ◆ both ／ all：both the 形容詞 名詞
> │
> └────────────────────────────

## ▶ 副詞の位置（3）：enough

　enough が「名詞」を修飾するときは、後ろからでも前からでも OK ですが（例：enough money「十分なお金」）、enough が形容詞・副詞を修飾するときは、必ず「後ろから」です。形容詞・副詞 enough to ～「～するには十分 形容詞・副詞 だ」の形で使います。

## 📖 例題の解説
- - - - - - - - - - - - - - - - - - - - - - - - - - - - - - - - - - - - - - - - - - -

❶ outside ／ outdoors「外で」は副詞なので、直前に前置詞は不要です。I had lunch outside[outdoors]「私は外でランチを食べた」とします（breakfast ／ lunch ／ dinner は基本的に無冠詞）。

❷ rarely・seldom「めったに～ない」は頻度を表す副詞なので、「not と同じ位置」と考えます（今回は be 動詞の後ろ）。

❸ such に注目して、such a 形容詞 名詞 の形にすれば OK です。

**解答例**

> ❶ The weather was nice, so I had <u>lunch outside[outdoors]</u>.
> ❷ <u>He is rarely[seldom] late for</u> meetings.
> ❸ <u>I have never seen</u> such <u>a beautiful</u> rose.

##  63 副詞:「もう少し」を書く

🎧 63

---

**例題**

❶ 空港までの道が渋滞していて、彼はもう少しでフライトを逃す（miss）ところだった。

There was heavy traffic on the way to the airport, and _____ .

❷ 100人近くの人がそのセレモニーに参加した。

_____ the ceremony.

❸ あいにく、彼は来週の日曜日に開かれるお祭りに来れないそうだ。

_____ , he says he can't come to the festival being held _____ .

---

### ▶ 「意味」がまぎらわしい副詞

hard には副詞「熱心に」という意味がありますが、これと見た目が似ている hardly「ほとんど～ない」という単語もあります。こういった「-ly がつくと意味が変わる副詞」をチェックしておきましょう。

**【-lyがつくと意味が変わる副詞】**

| -lyがつかない副詞 | -ly がついた「注意すべき副詞」 |
|---|---|
| hard「熱心に」 | hardly「ほとんど～ない」 ※hardly = scarcely／「程度」を示す |
| late「遅く」 | lately「最近」 |
| most「ほとんど」 | mostly「たいていの場合は」(≒ often) |
| near「近くに」 | nearly「ほとんど」(≒ almost) |
| short「急に」 | shortly「すぐに」 |

※ hardly・scarcely は「程度」、rarely・seldom は「頻度」を表します。

### ▶ almost・nearly は「あともうちょっと」

almost・nearly は「ちょっと足りない・あともうちょっと」というイメージで、動詞を修飾すると、「もう少しで～しそう（実際はしていない）」となります。

［例］前回、もう少しで英語の試験に合格できそうだった。

I was almost able to pass the English test last time.

　この感覚は「約」の区別にも使えます。たとえば、almost 70% なら「70%にちょっと足りない（69%なら OK だけど、71%はダメ）」を表すわけです。

┌─【「ほとんど・約」の区別】────────────────────────────
│
│　□ about ／ around ／ approximately ／ roughly「約」　※その数値の前後ともに OK
│　□ almost ／ nearly「ほとんど」　※その数値には達しない
│　□ barely「かろうじて」　※その数値をわずかに上回る
│
└────────────────────────────────────────

## ▶ 文修飾の副詞

　以下のような副詞は、最初に「どういう話か？」と方向性を示せるので、とても便利です。

┌─【文修飾の副詞の例】────────────────────────────
│
│　□ surprisingly ／ amazingly「驚くべきことに」　　□ strangely「不思議なことに」
│　□ luckily ／ fortunately「幸運なことに」　　　　□ hopefully「できれば」
│　□ unfortunately「不運なことに・残念ながら」　　□ obviously「明らかに」
│　□ actually「実は」
│
└────────────────────────────────────────

　英作文でも、It is obvious that ～「～は明らかである」 → Obviously, ～「明らかに～」のように文修飾の副詞を使って簡潔に言い換えられることがあります。以下では、Unfortunately を使って文全体が「残念な内容」だと示しています。

［例］残念ながら、彼は現在手が離せません。　Unfortunately, he is not available right now.

## 📖 例題の解説

❶「もう少しで～するところだった」に注目して、almost[nearly] V ～ の形を使います。he almost[nearly] missed his flight「彼はもう少しでフライトを逃すところだった（でも実際は逃していない）」となります。

❷「ちょっと足りない」を表す almost・nearly を使って、almost[nearly] 100 people「100人近く」とします。また、ここでの「参加する」は attend が自然です（他動詞なので、後ろに前置詞は不要）。

❸ 文頭には Unfortunately「あいにく」、文末には next Sunday「来週の日曜日」を加えます。next Sunday は副詞として使われるので、直前に前置詞は不要ですね（107ページ参照）。

**解答例**

┌────────────────────────────────────────
│ ❶ There was heavy traffic on the way to the airport, and he almost[nearly] missed his flight.
│ ❷ Almost[Nearly] 100 people attended the ceremony.
│ ❸ Unfortunately , he says he can't come to the festival being held next Sunday.
└────────────────────────────────────────

# 演習問題

Lesson57～63までの内容に関連した入試問題に挑戦してみましょう。わからないときは解説を読み、本文に戻って内容を振り返るようにしてください。

## 問題

**❶** ハッカーとは、コンピュータを使って許可なく情報を手に入れようとする人のことです。

（新潟）

_____ .

🔑 ヒント ＞ 「許可」：permission

**❷** 宿題はいつでも好きなときに提出できます。

（学習院）

_____ .

**❸** 暑い日には、のどが渇いたと感じる前に水を飲むことを忘れてはいけません。

（武蔵野美術）

_____ .

🔑 ヒント ＞ 「暑い日には」：on hot days

**❹** 私の傘が見つかりません。どこに置き忘れたのかな。また買わないと。

（日本女子）

_____ .

🔑 ヒント ＞ 「どこに～したのかな」：I wonder where ～ ／ 「物を置き忘れる」：leave 物

**❺** 非常に多くの情報がインターネットで利用できます。

（成城）

_____ .

**❻** 洋子は外国へ行ったことがないのに、3か国語を話すことができる。

（愛知学院）

_____ .

**❼** 昨夜、彼はもう少しで自動車にひかれそうになった。

（日本女子）

_____ .

🔑 ヒント ＞ 「～にひかれる」：get run over by ～

## 解説＆解答例

### ❶ 可算名詞の「総称用法」 ➡ Lesson 57

「ハッカーとは～」とハッカー全般の定義をしているので、「a+単数形」を使います。A hacker is someone[a person] who tries to ～「ハッカーとは～しようとする人のことだ」とすれば OK です（try to ～「～しようとする」）。こういった「定義（○○とは～）」を説明するときには、「A+単数形」がよく使われます。

もしくは、一般的に総称を表す「無冠詞・複数形」を使い、Hackers are people who try to ～ と表しても OK です。information は「目に見えない」→「不可算名詞」なので、an や複数の s は不要な点にも気をつけましょう。

> | 解答例 |
> A hacker is someone[a person] who tries to get information without permission {by} using computers.
> （別解）Hackers are people who try to get information without permission {by} using computers.

### ❷ homeworkは不可算名詞 ➡ Lesson 58

「（あなたは）宿題を提出できる」が文の骨格なので、You can submit[hand in] your homework とします。homework は「目に見えない」→「不可算名詞」なので、複数の s などは不要です。
そして、「いつでも好きなときに」→「たとえ、あなたがいつしたいと思っても」と考え、複合関係詞 whenever を使います。whenever you want[like]「いつでも好きなときに」です。

> | 解答例 |
> You can submit[hand in] your homework whenever you want[like].

### ❸ 「総称」を表すyou ➡ Lesson 59

「誰でも・人々は水を飲むことを忘れてはいけない」なので、「総称の you」を主語にします。そして、forget to ～「（これから）～することを忘れる」を使い、you must not forget to drink water「水を飲むことを忘れてはいけない」とすれば OK です（water は「切っても OK」→「不可算名詞」）。「のどが渇いたと感じる」は、feel 形容詞「～と感じる」の形で you feel thirsty とします。

ちなみに、「忘れてはいけない」（否定）→「覚えておかなければならない」（肯定）と考え、you must remember to ～ と表すことも可能です（remember to ～「（これから）～するのを覚えている」）。この「肯定と否定の入れ替え」は英作文でとても役立ちます（Lesson78で扱います）。

> | 解答例 |
> On hot days[On a hot day], you must not forget to drink water before you feel thirsty.
> （別解）On hot days[On a hot day], you must[should] remember to drink water before you feel thirsty.

## ❹ one（不特定）とit（特定）の使い分け ➡ Lesson 60

「私の傘が見つかりません」→「私は傘を見つけることができない」と考え、I can't find my umbrella. とします。日本語では「傘」が主語ですが、英語では I を主語にすれば簡単ですね（「主語の変換（人⇔物）」は英作文で大事な考え方で、Lesson75・76で扱います）。

2文目は、「その傘（私の傘）をどこに置き忘れたのかな」と目的語を補います。「その傘」は「特定」を表す it を使い、I wonder where I left it とします（間接疑問なので SV の順番）。leave は本来「ほったらかす」を表し、「物をほったらかす」→「置き忘れる」となります。

一方、3文目は「また買わないと」＝「また（不特定の）新品の傘を買わないと」なので、I have to[must] buy a new one. とすれば OK です。もし it を使うと、「置き忘れた傘そのものを買う」というおかしな意味になってしまいますね。

| 解答例 |
I can't find my umbrella. I wonder where I left it. I have to[must] buy a new one.

## ❺ 数量形容詞 ➡ Lesson 61

information は「不可算名詞」です。可算・不可算両方に使える a lot of 〜「たくさんの〜」を使い、A lot of information is available on the Internet. とすれば OK です（available「利用できる」、on the Internet「インターネット上で」は英作文での重要表現）。可算名詞を修飾する many を使わないように注意しましょう。much は不可算名詞を修飾しますが、疑問文・否定文で使うのが原則なので、ここでは不自然です。

ちなみに、今回も「人」を主語にして You can find 〜 と表すことができます（総称の you）。

※これで十分合格点ですが、厳密には「非常に多くの〜」なので、an incredible amount of 〜／a massive amount of 〜 などを使うとより正確になります。不可算名詞を修飾する a large amount of 〜をより強調した表現です。

| 解答例 |
A lot of information is available on the Internet. ／ There is a lot of information on the Internet.
（別解）You can find a lot of information on the Internet.

## ❻ abroad・overseasは「副詞」 ➡ Lesson 62

「（実際に）外国へ行ったことがないのに」に注目して、Even though sv, SV. 「（実際）sv だけれども、SV だ」の形にします。「外国へ行ったことがない」は、現在完了形で Yoko has never been abroad とすれば OK です。have been to 〜「〜へ行ったことがある」という表現になじみがあると思いますが、abroad は「副詞」なので直前に前置詞は不要です。

| 解答例 |
Even though[Although] Yoko has never been abroad[overseas/to any foreign countries/to a foreign country], she can speak three languages.

## ❼「もう少しで〜する」➡ Lesson 63

almost[nearly] V 〜「もう少しで〜する」を使えば OK です。V は run over「ひく」の受動態で、get[be] run over by 〜 とします（be は状態、get は動作・変化を表す）。by car だと「交通手段」になってしまうので、by <u>a</u> car とする点もポイントです。冠詞がついて「具体的な車」を表します。

> |解答例|
> Last night{,} he almost[nearly] got run over by a car.
> （別解）Last night{,} he was almost[nearly] run over by a car.

PART
2

| Q | A | 確認テスト |
|---|---|---|
| ☐「○○とは〜」と可算名詞の定義を説明するときによく使う形は？ | a+単数形 | |
| ☐ homework は可算名詞 or 不可算名詞？ | 不可算名詞 | |
| ☐「人は誰でも」と総称を表すときに便利な代名詞は？ | you | |
| ☐「特定」の名詞を受ける代名詞は one と it のどっち？ | it | |
| ☐「外国へ行く」を英語にすると？ | go abroad[overseas] | |
| ☐「もう少しで〜する」を表すには？ | almost[nearly] V 〜 | |

# Part 2

## 比較、冠詞、形容詞について

### 比較 最上級の書き換え3パターン

「一番〜」と言う代わりに、「他の誰にも負けない」などと遠まわしに表すことがあります。

　1 other を使ったパターン

> He is the tallest boy in his class.「彼はクラスで一番背が高い」
>
> = He is taller than any other boy in his class.「彼はクラスのどの男子よりも背が高い」
>
> ※ 比較級 than any other 単数形 「他のどの 単数形 よりも 比較級 だ」
>
> = No other boy in his class is taller than he.
>
> 　「クラスのどの男子も彼より背が高くない」
>
> ※ No other 単数形 is 比較級 than 〜「どの 単数形 も〜より 比較級 ではない」
>
> = No other boy in his class is as tall as he.
>
> 　「クラスのどの男子も彼ほど背が高くない」
>
> ※ No other 単数形 is as 〜 as ...「…と同じくらい〜な 単数形 は他にない」

　2 Nothing を主語にするパターン

> Time is the most precious thing of all.「時間はすべての中で最も大切だ」
>
> = Nothing is more precious than time.「時間よりも大切なものはない」
>
> ※ Nothing is 比較級 than 〜「〜ほど 比較級 なものはない」
>
> = Nothing is as precious as time.「時間ほど大切なものはない」
>
> ※ Nothing is as 〜 as ...「…と同じくらい〜なものはない」

　3 「今までで一番〜」＝「これほど〜なものは一度もない」

> This is the most interesting book that I have ever read.
>
> 「この本は私が読んだ中で一番おもしろい本だ」
>
> ※ the 最上級 名詞 that I have ever p.p.「今まで〜した中で最も…だ」
>
> = I have never read such an interesting book as this.
>
> 　「こんなにおもしろい本を読んだことがない」

### 冠詞 「後置修飾なら必ずtheがつく」わけではない

　関係代名詞や to 不定詞などで後置修飾があると、限定されるので the がよく使われます。ここで上級者ほど「後置修飾があると限定されるから必ず the が必要」と勘違いしてしまうのですが、たとえ後置修飾があっても「1つに限定できない」場合は a を使います。

> 例：「ボクがデートする女の子はかわいいよ」
> 1 <u>The</u> girl I go out with is cute.　　2 <u>A</u> girl I go out with is cute.

1には the があるので、「デートする女の子」が共通認識できます。「ああ、あのコね」という感じで限定されています。2では a なので「デートする女の子は1人に限定されない」ことを暗示します。つまり、他にもデートする可能性がある女の子がいると考えられるわけです。

※ Lesson52の例題❷ Vienna is <u>a</u> city in which[where] many famous musicians lived.「ウィーンはたくさんの有名な音楽家が生活した都市だ」や、Lesson57の例題❷ Getting enough sleep is <u>a</u> good way to stay healthy.「十分な睡眠をとるのは健康を保つ良い方法だ」でも、後ろから in which [where] ～ / to ～が修飾していますが a を使っていましたね。

### 冠詞 "the+複数形"は「特定集団」を表す

可算名詞の総称用法として「無冠詞・複数形」（149ページ参照）がありましたが、"the+複数形"は「<u>みんなで共通認識できる（特定できる）複数形</u>」→「特定集団」を表します。そのため、I love <u>the</u> cats.「そのネコなら好き」だと、「特定の複数のネコ」を指すことになります。また、<u>the</u> United States of America「アメリカ合衆国」は「（50の州が集まった）特定集団」、<u>the</u> Hiltons「ヒルトン一家」は「（家族という）特定集団」と理解できますね。

### 冠詞 aとmyは併用しない

英作文でよく見かけるミスが（×）"a my ～"という形です。「限定詞（冠詞・代名詞など）は1つだけ」と説明されますが、「不特定」を表す a と、「特定」する my が合わないと考えればOKです（my で「私の」と特定しています）。

### 形容詞 重要なコロケーション

日本語で「タクシーを拾う」とは言いますが、「バス・電車を拾う」とは言いません。それと同じように英語にも単語と単語の相性があり、以下の組み合わせが特に大事です。

| | 名詞 | 修飾する形容詞 |
|---|---|---|
| お金系 | income「収入」／salary「給料」<br>price「値段」／cost「費用」／wage「賃金」 | high・low／large・small<br>high・low |
| 人口系 | population「人口」／audience「聴衆」／<br>family「家族」／crowd「群衆」 | large・small |
| 数量系 | number「数」／amount「量」／quantity「量」／<br>sum「合計」／expense「出費」 | large・small |
| 交通量 | traffic「交通量」 | heavy・light |
| 雨・雪 | rain「雨」／snow「雪」 | heavy・light |

※ salary「給料」は salt「塩」と語源が同じです。大昔、塩は貴重で、給料の代わりになることもありました（soldier「兵士」の語源は「働いて塩をもらう人」です）。山盛りにした塩のイメージから、high salary・large salary と考えると納得できるでしょう。

# Part 2

## Lesson 64 英語の型に沿って書く（1）：第1〜3文型

64

### 例題

❶ 私は家に帰ると、ソファーに横になった。

_____ when I got home.

❷ 彼女は有名なミュージシャンと結婚した。

_____ .

❸ このヘッドホンは音質があまり良くない。

These headphones don't _____ .

---

### ▶ セットで狙われる " 自動詞 vs. 他動詞 "

　まずは、「自動詞・他動詞」の区別を意識してセットで押さえるべき表現を確認していきましょう。他動詞の直後には必ず目的語がきます。

【lie vs. lay】

□ lie：自動詞「いる・ある・横になる」　　　lie – lay – lain
□ lay：他動詞「置く・横にする」　　　　　　lay – laid – laid

※高校生は間違いなく lie「横たわる」、lay「横たえる」と習っていますが、ふだんはこんな日本語を使いませんよね。lie は「いる・ある・横になる」、lay は「置く・横にする」と覚えることで、自分でも使えるようになります。

【rise vs. raise】

□ rise：自動詞「上がる」　　　rise – rose – risen
□ raise：他動詞「上げる」　　　raise – raised – raised

【grow up vs. bring up】

□ grow up：自動詞「育つ」　　　grow up – grew up – grown up
□ bring up：他動詞「育てる」　　bring up – brought up – brought up

### ▶ 自動詞とまぎらわしい「他動詞」

　覚えるときは「discuss は後ろに about をとらない」ではなく、「正しい形」で覚えてく

ださい。たとえば、discuss the plan「その計画について議論する」と10回つぶやくほうがはるかに効率的です。

┌─【自動詞とまぎらわしい「他動詞」】　※すべて「直後に名詞」がくる─────

☐ resemble「～に似ている」　　☐ answer「～に答える」　　☐ obey「～に従う」

☐ oppose「～に反対する」　　☐ join「～に参加する」　　☐ enter「～に入る」

☐ attend「～に出席する」　　☐ reach「～に着く」　　☐ leave「～を出発する」

☐ approach「～に近づく」　　☐ visit「～を訪問する」　　☐ contact「～に連絡をとる」

☐ marry「～と結婚する」　　☐ discuss「～について議論する」

☐ face「～に直面する」　　☐ follow「～についていく・従う」

☐ consider「～について考える」

└────────────────────────────────────

## ▶ seem 型

seem 型は seem 形容詞「形容詞のようだ」の形で、直後に「形容詞」がくるのが基本です。「彼は幸せそうだ」を英語にすると、（○）He seems happy. です。日本語につられて（×）He seems happily. としないように注意してください。

┌─【seem型の動詞】　基本形：seem 形容詞─────────────────

◆ **存在・継続**：be ／ keep・remain・stay・hold「～のままでいる」

◆ **変化**：become・get・turn・grow・come・go・fall「～になる」

◆ **感覚**：seem・appear「～のようだ」／ look「～に見える」／ feel「～のように感じる」
　　　　／ sound「～に聞こえる」／ taste「～の味がする」／ smell「～のにおいがする」

└────────────────────────────────────

## 📖 例題の解説

- - - - - - - - - - - - - - - - - - - - - - - - - - - - - - - - - - - - - - - - - - - - - - - - -

❶ 自動詞 lie「横になる」（lie-lay-lain）を使って、I lay {down} on the sofa「私はソファーに横になった」とすれば OK です（この lay は自動詞 lie の過去形）。

❷ marry は他動詞「～と結婚する」で、直後に目的語（結婚相手）がきます。marry 人 = get married to 人「人と結婚する」と押さえておきましょう。

❸ sound 形容詞「形容詞のように聞こえる」の形を使って、These headphones don't sound very good.「このヘッドホンはあまり良いように聞こえない」→「音質があまり良くない」と表します。

解答例

┌──────────────────────────────────────
❶ <u>I lay {down} on the sofa</u> when I got home.
❷ <u>She married[got married to] a famous musician</u>.
❸ These headphones don't <u>sound very good</u>.
└──────────────────────────────────────

# Part 2

## 英語の型に沿って書く（2）：第4文型

🎧 65

### 例題

❶ 1つお願いがあるのですが。

Would you _____ ?

❷ そこに行くのにバスで20分かかる。

_____ by bus.

❸ 私は新幹線で東京に行くのに2万円かかった。

_____ by *Shinkansen*.

## ▶ give 型

第4文型（SVOO）、つまり "V 人 物" の形をとる動詞は「与える」という意味が基本です。teach は「知識を与える」、show は「情報を与える」ということですね。

【give型の動詞】　基本形：give 人 物「人に物を与える」⇔ give 物 to 人

□ give「与える」　　□ send「送る」　　□ teach「教える」　　□ tell「話す」

□ show「見せる」　　□ lend「貸す」　　□ award「授与する」　□ offer「提供する」

□ hand ／ pass「手渡す」　　　□ do「与える」

※ do の目的語（物）には good「利益」／ harm・damage「害」／ justice「公平」／ a favor「親切な行い」など、決まった名詞のみ

## ▶ take 型

give 型とは正反対の「奪う」という意味になる動詞が少しだけあります。たとえば、save 人 手間 は「人 から 手間 を奪う」→「人 の 手間 が省ける」です。

【take型の動詞】　基本形：take 人 物「人 から 物 を奪う」

□ take 人 時間　　「人 は 時間 がかかる」　　※人 から 時間 を奪う

□ cost 人 お金　　「人 は お金 がかかる」　　※人 から お金 を奪う

　　　人 命　　「人 の 命 が犠牲になる」　　※人 から 命 を奪う

□ save 人 手間　　「人 の 手間 が省ける」　　※人 から 手間 を奪う

□ spare 人 手間　　「人 の 手間 が省ける」　　※人 から 手間 を奪う／ spare = save

□ owe 人 お金　　「人 から お金 を借りる」　　※人 から お金 を（一時的に）奪う

※ spare に限っては、① spare 人 時間 「人に時間を与える・割く」／② spare 人 マイナス単語 「人からマイナス単語を奪う」という2つの使い方があります。①は give 型、②は take 型で save と同じ意味になります。

　英作文では、特に take と cost を使った仮主語構文が非常によく狙われます。両方とも形は同じで、take は「時間を奪う」、cost は「お金を奪う」というだけです。

┌─【「時間・お金がかかる」を表す仮主語構文】────────────────
│
│　1　It takes 人 時間 to ～ .「人が～するのに時間がかかる」
│　2　It costs 人 お金 to ～ .「人が～するのにお金がかかる」 ※ cost-cost-cost（無変化型）
│
└────────────────────────────────────────────

補足 「特定の人」を表したい場合は人をつけますが、「一般論」の場合は人（総称の you）を省略するのが普通です。また、「（一般的に）時間・お金がかかる」と言うときは、「現在形」を使います。「現在・過去・未来」において当てはまる事実（一般論）だからです。

［例］私の家から新宿駅まで歩いて5分もかからない。

　　　It takes me less than five minutes to walk to Shinjuku Station from my house.

［例］タブレットを買うのにかなりお金はかかるが、そのおかげでどこでも本を読めるだろう。

　　　It costs a lot of money to buy a tablet, but it will enable you to read books anywhere.

give 型の動詞は「与える」、cost 型の動詞は「奪う」から考える！ Point

## 📖 例題の解説

❶ Would you do me a favor?「1つお願いがあるのですが」という会話表現です。これは do 人 物 「人に物を与える」の形で、直訳「私に親切（a favor）を与えて（do）くれませんか？」→「お願いがあるのですが」となりました。

❷ It takes 人 時間 to ～ .「人が～するのに時間がかかる」の形を使います。「（誰でも）20分かかる」という一般論なので人を省略し、時制は「現在形」にします。

❸ It costs 人 お金 to ～ .「人が～するのにお金がかかる」の形を使い、It cost {me} 20,000 yen to ～ . とします（この cost は過去形です）。今回は「私が～に行く」なので、人はあったほうがいいでしょう。この場合の「行く」は「～に到達する・着く」を表すので、get to ～ が適切です。

解答例

┌────────────────────────────────────────────
│
│　❶ Would you <u>do me a favor</u>?
│　❷ <u>It takes twenty minutes to get there</u> by bus.
│　❸ <u>It cost {me} 20,000 yen to get to Tokyo</u> by *Shinkansen*.
│
└────────────────────────────────────────────

# Part 2

## Lesson 66 第5文型：「使役動詞」を使いこなす

🎧 66

❶ どうして日本に来ると決めたのですか？

What _____ ?

❷ 私は昨日パソコンを修理して（fix）もらった。

_____ yesterday.

❸ 新しい情報を得たら、すぐにお知らせします。

I'll _____ as soon as I get any new information.

### ▶ SVOC の全体像

5つの文型の中で第5文型（SVOC）は断トツに重要で、英作文でもよくポイントになります。以下の3ステップで考えてください。

【STEP 1】 SVOC をとる動詞

> 1 使役動詞・知覚動詞
> 　使役動詞：make（強制・必然）／ have（利害）／ let（許可）だけ！
> 　知覚動詞：see ／ watch ／ hear ／ feel ／ think ／ consider ／ find ／ catch ／ smell など
> 2 使役もどき：keep ／ leave ／ get
> 3 V 人 to ～：allow ／ enable ／ force ／ advise など
> 4 help：help 人 {to} 原形　　5 V A as B：regard ／ think of ／ look on など

【STEP 2】：O と C の関係

> 1 C に動詞 → s'+v' と考える　　2 C に形容詞 → O=C と考える

【STEP 3】：s'+v' の関係　「する」 or 「される」を判断！

> 1 s' が v' する（能動） → v' は 原形／ to 不定詞 か -ing
> 2 s' が v' される（受動） → v' は p.p.

STEP 2「O と C の関係」では O=C ばかりを習いますが、実際の英文では「s'+v' の関係」になることも多いです。「s'+v' の関係」であれば STEP 3 へ移ります。

「s' が v' する」という能動関係のときは、v' に 原形（使役・知覚の場合）／ to 不定詞（使役・知覚以外）もしくは -ing という2つから適切なものを選びます。「s' が v' される」という受動関係なら p.p. を使えば OK です。

※ 原形／to 不定詞 は1枚のカード（裏表の関係）と考えてください。たとえば、使役・知覚動詞は 原形 をとります。つまり to 不定詞 はとらないということです。

---

【「原形／to不定詞」の詳細】

1 「使役・知覚」は v' に 原形 をとる（= to 不定詞 はとれない）。

2 「使役・知覚以外」は v' に to 不定詞 をとる（= 原形 はとれない）。

※以上の説明を拡大解釈して「使役・知覚は 原形 しかとらない」と思い込む受験生が多いですが、「-ing・p.p.」もとれます。

---

## ▶ SVOC は「因果関係」を作る

SVOC は「S によって、O が C する・C になる」と訳すとキレイになることが多いです。

---

The news made her sad.　（△）その知らせは彼女を悲しくさせた。

→（○）その知らせによって（その知らせを聞いて）彼女は悲しくなった。

---

つまり、SVOC は S が「原因」で、それによって「O が C する（結果）」という「因果関係」を表すわけです。この発想は和訳問題だけでなく、英作文でも活きてきます。

## 📖 例題の解説

❶ 「どうして〜したの？」→「何によってあなたは〜したの？」と考え、What made you 〜? とします。S make OC「S によって O は C する」の形で、因果を表していますね。その後は decide to 〜「〜すると決める」の形を使えば OK です。

※ちなみに、Why did you come to Japan? は「なんで来たの？」といったキツい印象を与える可能性があり、what を使ったほうが丁寧になります。

❷ 「パソコンは修理される」という受動関係なので、have O p.p.「O を〜してもらう」の形にします。have は「当然してもらえること」、具体的には「客→お店／上司→部下／親→子ども」といった関係でよく使われます。

❸ let OC「O が C することを許可する」の形で、I'll let you know は「あなたが知ることを許可する」→「知らせる」となります。let you know「（あなたに）知らせる」、let me know「（私に）知らせる」は会話でよく使われる表現です。

解答例

❶ What <u>made you decide to come to Japan</u>?

❷ <u>I had my computer fixed</u> yesterday.

❸ I'll <u>let you know</u> as soon as I get any new information.

# Part 2

## Lesson 67 第5文型：「知覚動詞」などを使いこなす

🎧 67

**例題**

❶ 私は彼が笑っているところを（一度も）見たことがない。

_____ .

❷ 私は新しい学校で友達を作るのは難しいと気づいた。

I found it _____ at my new school.

❸ 来週の予定（schedule）を空けておきますね。

I'll _____ next week.

### ▶ 知覚動詞も3つの手順で解決

「SVOC を予想 → s'+v' を考える → 能動・受動を判断」という手順は使役動詞と同じですが、see と hear の使い方には注意が必要です。

---

1 see OC「OがCするのが見える」　≠　see that[what] 〜「〜を理解する」

2 hear OC「OがCするのが聞こえる」　≠　hear that[what] 〜「〜を耳にする」

---

1 see OC「OがCするのが見える」の形でも使いますが、後ろに that 節や what 節をとった場合「わかる・理解する」といった意味になります。

［例］私の言っていることがわかりますか？

　　　Do you see what I mean?

2 hear OC「OがCするのが聞こえる」の形でも使いますが、後ろに that 節や what 節をとると「〜を耳にする・聞いて知る・うわさに聞いている」となります。つまり、hear OC は「（実際に）音を聞く」ですが、hear {that} 〜 だと「話を聞く」ことを表すわけです。

［例］母親は子どもが無事だと聞いて安心した。

　　　The mother felt relieved when she heard that her child was safe.

補足 see は「（自然と）見える」、hear は「（自然と）聞こえる」を表し、ともに意図的に「見る・聴く」という動作を表しません。そのため、どちらも基本的に進行形で使わない点にも注意しましょう。

## ▶ 使役もどき（keep / leave / get）の語法

　keep / leave / get は「〜させる」という訳し方から、使役動詞の仲間だと思い込んでいる受験生が多いのですが、使役動詞とは使い方が異なります。keep OC「O を C の状態に保つ」／ leave OC「O を C の状態のままほうっておく」／ get「O に C させる」は使役もどきの動詞です。手順は使役動詞と同じですが、絶対に「原形をとれない」点に注意してください。

【keepとleaveの頻出パターン「〜させっぱなし」】

□ 水流しっぱなし　　　　　　leave[keep] the water running
□ エンジンかけっぱなし　　　leave[keep] the engine running
□ 彼女待たせっぱなし　　　　leave[keep] her waiting
□ ドアにカギかけっぱなし　　leave[keep] the door locked
□ マド開けっぱなし　　　　　leave[keep] the window open　　※この open は形容詞

【getの基本形】

□ get 人 to 〜 「人に〜させる」　　※「人が〜する」という能動関係
□ get 人 p.p. 「人が〜される」　　※「人が〜される」という受動関係

　get は使役動詞ではないので、（×）get 人 原形 の形はとらず、（○）get 人 to 〜 となります。ただし、受動関係になるときは使役動詞の真似をして、直後に p.p. をとります。

## 📖 例題の解説

- - - - - - - - - - - - - - - - - - - - - - - - - - - - - - - - - - - - - - - - - - - - - - -

❶ 知覚動詞 see を使って、see him laughing[laugh]「彼が笑っているところを見る」とします。-ing は「〜しているところ（一部）」、原形だと「一部始終」を見たことを表す傾向があります。時制は「（過去〜現在まで）見たことがない」なので、現在完了形が適切です。

❷ find OC「O が C だとわかる・気づく」の形を使います。仮目的語 it、真目的語 to 〜 を利用して、find it difficult to 〜「〜するのが難しいとわかる」とすれば OK です。

❸ keep OC「O を C の状態に保つ」の形を使います。open には動詞「開ける（動作）」と形容詞「開いている（状態）」があり、今回使う open は「形容詞」です。決して（×）keep my schedule opened とはなりません。

解答例

❶ I have never seen him laughing[laugh].
❷ I found it difficult to make friends at my new school.
❸ I'll keep my schedule open next week.

# Part 2

# 第5文型：
# さまざまな型を使いこなす

🎧 68

## 例題

❶ その先生は私に留学するよう勧めた。

The teacher encouraged _____ .

❷ 兄は、私がそのレポートを書くのを手伝ってくれた。

My brother _____ .

❸ 彼は世界中の人から天才だと思われている。

_____ by people all over the world.

## ▶ "SV 人 to 〜" をとる動詞

"SV 人 to 〜" には「未来志向」の to があるので、どの動詞も「これから〜する」というニュアンスがあると意識すれば覚えやすいでしょう。たとえば、enable 人 to 〜 は「これから人が〜することを可能にする」ですね。

┌─【SV 人 to 〜 をとる動詞】─────────────────────┐

☐ allow ／ permit「許可する」　　☐ want「望む」　☐ enable「可能にする」

☐ cause「引き起こす」　　　　　　☐ encourage「勇気づける」

☐ force ／ oblige ／ compel「強制する」　☐ ask「頼む」　☐ advise「アドバイスする」

☐ require ／ request「要求する」　☐ expect「期待する」

☐ determine「決心させる」　　　　☐ urge「促す」

└─────────────────────────────────────┘

※この他に、tell 型（178ページ参照）などの動詞も SV 人 to 〜 をとります。また、determine はほとんど受動態 "be determined to 〜"「〜すると決心している」で使われます。

　ちなみに、"SV 人 to 〜" も SVOC になるので、同じく「S によって、人は〜する」と因果関係を意識して訳すと自然な日本語になることが多いです。

　たとえば、Her help enabled me to do the job. は、直訳「〜を可能にした」よりも、「彼女が手伝ってくれたおかげで、私はその仕事をすることができた」のほうがはるかに自然です（enable の「可能」のニュアンスを加え、「〜できた」としています）。この発想を使えば、Lesson17で学んだ、S enable 人 to 〜「S のおかげで人は〜できる」という頻出表現も理解しやすいですね。

## ▶ help の語法

help は本来 "help 人 to 原形" の形をとる動詞でしたが、徐々に変化し、使役・知覚動詞と同じように "help 人 原形" の形もとれるようになりました。

┌─【helpの語法】─────────────────────────

　1 直後に 人
　① help 人 {to} 原形「人が〜するのを手伝う」／② help 人 with 〜「人の〜を手伝う」
　　※（×）help my homework のように、help 物 の形はありません。（○）help me with my
　　　homework が正しい形です。
　2 直後に to
　help {to} 原形「〜するのに役立つ」

└────────────────────────────────────

## ▶ regard 型

V A as B で「A を B とみなす」という意味になります（A=B の関係）。この形をとる動詞はたくさんありますが、英作文ではひとまず regard を正しく使えるようにしておけば OK です。

┌─【regard型の動詞】　V A as B「AをBとみなす」────────────

regard ／ look on ／ think of ／ see ／ take ／ view　　など

└────────────────────────────────────

## 📖 例題の解説

- - - - - - - - - - - - - - - - - - - - - - - - - - - - - - - - - - - - - - - - - -

❶ encourage 人 to 〜「人に〜するよう勧める」の形を使い、encouraged me to study
　abroad「私に留学するよう勧めた」とします（abroad は副詞なので、前置詞は不要）。
❷ help 人 {to} 原形「人が〜するのを手伝う」の形を使って、helped me {to} write
　the paper[report]「私がそのレポートを書くのを手伝ってくれた」とすれば OK です。
　help のときは、to があってもなくても構いません。
❸ regard A as B「A を B とみなす」の受動態で、A is regarded as B「A は B とみなされ
　ている」とします。regard 型の動詞は受動態でよく使われます。

解答例

┌────────────────────────────────────
　❶ The teacher encouraged <u>me to study abroad</u>.
　❷ My brother <u>helped me {to} write the paper[report]</u>.
　❸ <u>He is regarded as a genius</u> by people all over the world.
└────────────────────────────────────

# Part 2

## Lesson 69 動詞の語法を使いこなす(1)

🎧 69

**例題**

❶ この写真を見ると、パーティーで楽しい時間を過ごしたことを思い出す。

This photo _____ .

❷ 彼はその会議に出席できないと私に説明した。

He _____ .

❸ 私は重要な会議に遅刻したことを上司に謝った。

_____ my supervisor _____ .

## ▶ tell 型

remind は remind 人 of ～ の形をとることは有名ですが、実際には that や to 不定詞もとることができます。これらの語法をバラバラに覚えると大変ですが、**tell 型**として整理することで、一気にたくさんの語法が攻略できます。

【tell型の動詞】　基本形:tell 人 of 物／tell 人 that sv／tell 人 to 原形

| 動詞　　　　　　　　　型 | V 人 of ～ | V 人 that ～ | V 人 to ～ |
|---|---|---|---|
| tell 「話す」 | tell 人 of ～ | tell 人 that ～ | tell 人 to ～ |
| remind 「思い出させる」 | remind 人 of ～ | remind 人 that ～ | remind 人 to ～ |
| convince 「納得・確信させる」 | convince 人 of ～ | convince 人 that ～ | convince 人 to ～ |
| persuade 「説得する」 | persuade 人 of ～ | persuade 人 that ～ | persuade 人 to ～ |
| warn 「警告する」 | warn 人 of ～ | warn 人 that ～ | warn 人 to ～ |
| notify 「通知する」 | notify 人 of ～ | notify 人 that ～ | notify 人 to ～ |
| inform 「知らせる」 | inform 人 of ～ | inform 人 that ～ | ~~inform 人 to ～~~ |

※表の赤字（縦軸・横軸）だけを覚えれば OK ／厳密には（×）inform 人 to ～ だけ NG

※他の語法を兼ねるものもあり、たとえば tell は give 型（tell 人 物）の形も OK ですし、persuade には persuade 人 into -ing 「人 を説得して～させる」／ persuade 人 out of -ing 「人 を説得して～をやめさせる」という使い方もあります。

▶ **say 型**

　tell 型は "tell 人" でしたが、say 型は "say to 人" です。to 人が省略されて say that 〜 になったり、say 物 to 人の語順で使ったりすることは多いですが、絶対に（×）say 人とは言いません。"to 人" をしっかり意識してください。

┌─【say型の動詞】　基本形：say to 人 that 〜「人に〜だと言う」─────
│
│　□ say to 人 that 〜「人に〜と言う」
│　□ explain to 人 that 〜「人に〜と説明する」
│　□ suggest to 人 that 〜「人に〜と提案する」
│　□ apologize to 人 for 〜「人に〜のことで謝る」　※ thank 型にも属する
└──────────────────────────────────────

▶ **thank 型**

　for 〜は「理由」を表します。いきなり「ありがとう（Thank you）」と言われたら、「なんで？」と気になりますよね。その「理由」を for 〜で表すわけです。

┌─【thank型の動詞】　基本形：thank 人 for 〜「〜のことで人に感謝する」───
│
│　□ thank 人 for 〜「〜で人に感謝する」
│　□ admire 人 for 〜／praise 人 for 〜「〜で人を褒める」
│　□ be grateful to 人 for 〜「〜で人に感謝している」　※ grateful は形容詞
│　□ apologize to 人 for 〜「〜で人に謝る」　　□ blame 人 for 〜「〜で人を責める」
│　□ punish 人 for 〜「〜で人を罰する」　　　□ fine 人 for 〜「〜で人に罰金を科す」
└──────────────────────────────────────

## 📖 例題の解説

- - - - - - - - - - - - - - - - - - - - - - - - - - - - - - - - - - - - - - - - - - - - - - - - - -

❶ 「この写真を見ると、〜を思い出す」→「この写真は私に〜を思い出させる」と考え、remind 人 that sv「人に sv を思い出させる」の形にします。「楽しい時間を過ごす」は have a good time です（86ページ参照）。

❷ explain to 人 that 〜「人に〜と説明する」の形です。動詞 explained（過去形）に合わせて、that 節中でも could（助動詞の過去形）を使う点に気をつけてください。

❸ apologize to 人 for 〜「〜で人に謝る」の形を使います。apologize は say 型（to 人をとる）と thank 型（for をとる）の２つに属しています。

解答例

┌─────────────────────────────────────────
│ ❶ This photo <u>reminds me that I had a good time at the party</u>.
│ ❷ He <u>explained to me that he could not attend the meeting</u>.
│ ❸ <u>I apologized to</u> my supervisor <u>for being late for the important meeting</u>.
└─────────────────────────────────────────

PART
2

# Part 2

## Lesson 70 動詞の語法を使いこなす(2)

🎧 70

### 例題

**❶** 校則は、生徒が教室で携帯電話を使うことを禁止している。

School rules _____ classrooms.

**❷** 彼はよく給料が安すぎると不満を言っている。

He _____ .

**❸** 日本では、家に入る前に靴を脱がなければならない（脱ぐことになっている）。

In Japan, people are _____ before entering a house.

## ▶ prevent 型

from は「出発点」→「分離」を表し、「人が -ing の動作から分離した」→「人は -ing しない」となります。

┌─【prevent型の動詞】 基本形：prevent 人 from -ing「人が〜するのを妨げる」──

□ prevent 人 from -ing ／ keep 人 from -ing ／ stop 人 from -ing 「人が〜するのを妨げる」
□ prohibit 人 from -ing ／ ban 人 from -ing 「人が〜するのを禁じる」
□ discourage 人 from -ing 「人が〜するのを妨げる・思いとどまらせる」
□ save 人 from -ing 「人が〜することから救い出す」

└──────────────────────────────────────

ちなみに、S prevent 人 from -ing. の直訳は「S は人が〜するのを妨げる」ですが、「S によって人は〜しない（できない）」という訳し方を知っておくと英作文で役立ちます。ちょうど enable と逆のイメージです（Lesson17でも頻出表現として、S prevent 人 from -ing.「S のせいで人は〜できない」を扱いましたね）。

## ▶ think 型

think 型の動詞は、すべて「思う・言う」系統の意味です。

┌─【think型の動詞】 基本形：think of 名詞／think that sv ──────

□ think of[that] 〜「〜と思う」          □ dream of[that] 〜「〜と夢見る」
□ complain of[that] 〜「〜と不満を言う」   □ boast of[that] 〜「〜を自慢する」

└──────────────────────────────────────

※ of は「〜について」という意味で、about を使うこともあります。

　動詞だけでなく、形容詞も同じ考え方で整理できます。"思う・言う系統の形容詞 +of" で、of は「〜について」を表しています。

┌─【think型の熟語（思う・言う系統の形容詞+of）】──────────────

　□ be sure of 〜「〜を確信している」

　□ be conscious of 〜／ be aware of 〜「〜に気づいている」

　□ be ignorant of 〜「〜に気づいていない」

　□ be proud of 〜「〜を誇りに思う」　　□ be ashamed of 〜「〜を恥ずかしく思う」

　□ be afraid of 〜「〜を怖がる」　　　□ be careful of 〜「〜に気をつける」

└────────────────────────────────────

## ▶ suppose ／ expect の語法

　suppose と expect は受動態 "be supposed[expected] to 〜" でよく使われ、英作文でも大事です。以下の3つの意味がありますが、まずは直訳「〜すると思われている」から考えてみてください。

┌─【be supposed to 〜 ≒ be expected to 〜】────────────

　1 「〜すると思われている」

　2 「〜することになっている」【予定】

　3 「〜しなければならない」【義務】

└────────────────────────────────────

## 📖 例題の解説

❶ prohibit 人 from -ing「人 が〜するのを禁じる」の形にすれば OK です。

❷ complain that 〜「〜と不満を言う」の形を使い、頻度を表す副詞 often は「not と同じ位置」に置けば OK です。また、「salary（給料）が高い・低い」には high・low ／ large・small を使う点にも注意しましょう（167ページ参照）。

❸ be supposed[expected] to 〜「〜すると思われている」→「〜しなければならない」を使います。日本紹介に関する英作文で便利な英文なので、自分で書けるようにしておきましょう。

<br>

解答例

┌────────────────────────────────────

❶ School rules <u>prohibit students from using {their} cell phones[cell phone] in</u> classrooms.

❷ He <u>often complains that his salary is too small[low]</u>.

❸ In Japan, people are <u>supposed[expected] to take off their shoes</u> before entering a house.　※ take off 〜「〜を脱ぐ」

└────────────────────────────────────

# 演習問題

Lesson64 ～ 70までの内容に関連した入試問題に挑戦してみましょう。わからないとき
は解説を読み、本文に戻って内容を振り返るようにしてください。

## 問題

❶ ジョンは医師と結婚したいと思っていたが、しかし彼が結局結婚することになったのは言
語学者であった。 (明治薬科)

John _____ , but _____ was a _____ .

🔑ヒント➤ 「結局〜することになる」: end up -ing

❷ 住むところを見つけるのに３カ月かかった。 ★10語で [me / somewhere] を使って (早稲田)

_____ .

❸ どうしてあなたはトムに腹を立てたの？ (熊本保健科学)

What _____ ?

❹ たしかに、私の兄さんは大学生だけど、家で勉強しているのを見たことがないわ。 (滋賀)

_____ .

❺ 彼女は、観光客が電車の切符を買うのを手伝った。 (学習院)

_____ .

❻ この美しい景色を見ると、ふるさとを思い出します。 (日本女子)

_____ .

🔑ヒント➤ 「景色」: scenery ／ 「私のふるさと」: my hometown

❼ 電車は東京駅を午前10時に出発するはずだった。 (学習院)

The train was _____ 10 a.m.

## 解説＆解答例

### ❶ marryは「他動詞」➡ Lesson 64

marry は他動詞で直後に目的語（結婚相手）がくるので、marry a doctor「医師と結婚する」とします（≒ get married to a doctor）。want to 〜 に「〜したいと思う」という意味が含まれるため、John wanted to marry[get married to] a doctor「ジョンは医師と結婚したいと思っていた」とすれば OK です（think は不要）。

後半は「彼が結局結婚することになったのは」→「彼が結局結婚することになった人は」と考え、the person {which/that} he ended up marrying φ と主語を作ります（後ろは他動詞 marry の O が欠けた「不完全」）。ちなみに、end up -ing「結局〜することになる」はマイナーな扱いを受けがちですが、英作文ではとても大事な熟語です。最後に linguist「言語学者」を入れると完成です。

【marry の語法】

> 1 marry 人 ／ get married to 人 「人と結婚する」 ※結婚するという「動作・変化」
> 2 be married to 人 「人と結婚している」 ※独身ではない・結婚しているという「状態」

| 解答例 |
John wanted to marry[get married to] a doctor, but the person {which/that} he ended up marrying was a linguist.
（別解）John wanted to marry[get married to] a doctor, but the person he married was a linguist.

### ❷「時間がかかる」を表す頻出パターン ➡ Lesson 65

It takes 人 時間 to 〜 .「人が〜するのに時間がかかる」の形を使えば OK です。「住むところを見つける」は find somewhere to live とします（to 不定詞の形容詞的用法で、somewhere を to live が後ろから修飾しています）。

| 解答例 |
It took me three months to find somewhere to live.

### ❸ whatが主語になるSVOC ➡ Lesson 66

日本文「どうして」と文頭 What に注目して、S make OC「S によって O は C する」の形を使います。What made you angry[mad] at 〜？「何によってあなたは〜に腹を立てたの？」→「どうしてあなたは〜に腹を立てたの？」です。ちなみに at は本来「一点」で、今回は「一点をめがけて」→「〜に対して（対象）」を表しています（be angry[mad] at 〜「〜に腹を立てている」）。

| 解答例 |
What made you angry[mad] at Tom?

## ❹ 知覚動詞see ➡ Lesson 67

前半は It is true that ～「たしかに～だ」とします。後半は see OC「O が C するのを見る」の形を使って、see him studying[study] at home「彼が家で勉強しているのを見る」とすれば OK です。「(過去～現在まで)見たことがない」なので、現在完了形にします。

| 解答例 |
It is true {that} my {older/elder} brother is a university[college] student, but I have never seen him studying[study] at home.

## ❺ helpの語法 ➡ Lesson 68

help 人 原形「人が～するのを手伝う」の形を使って、helped a tourist buy a[his/her] train ticket「観光客が電車の切符を買うのを手伝った」とすれば OK です。もちろん to を使っても OK ですが、help 人 原形 の形が最もよく問われるので、これに慣れておきましょう。

| 解答例 |
She helped a tourist {to} buy a[his/her] train ticket.
(別解) She helped some[the] tourists {to} buy {their} train tickets.

## ❻ remind 人 of 物 ➡ Lesson 69

「A を見ると私は B を思い出す」→「A は私に B を思い出させる」と考えて、A remind 人 of B「A は 人 に B を思い出させる」の形にします。A は This beautiful scenery「この美しい景色」、B は my hometown「私のふるさと・故郷」とすれば OK です。「ふるさと」は one's hometown が正しく、英作文でよく狙われます（my country と書く受験生がいますが、これは基本的に「国」を表すので NG です）。また、「景色」の使い分けも英作文では大事です。

【「景色」の区別】

| 1 scenery「風景・景色全体」 2 view「(特定の視点からの) 眺め・見晴らし」 |
|---|

1 特定の視点からではなく、「自然の景色全体」を指すときは scenery を使います。漠然と「全体」を表すので不可算名詞です。

2 view は「オーシャンビュー」＝「ホテルからの海の眺め」から想像してください。「1 つの視点からの眺め」なので可算名詞です。

| 解答例 |
This beautiful scenery reminds me of my hometown.
(別解) When I see this beautiful scenery, I remember[recall/think of] my hometown.

❼「～するはずだ」：be supposed to ～ ➡ Lesson 70

「出発するはずだった」と直前の was に注目して、be supposed［expected］to ～「～すると思われている・～するはずだ」を使います。その後は leave 場所「場所 を出発する」の形で、leave Tokyo Station「東京駅を出発する」とします（Tokyo Stationのような「駅名」に冠詞は不要）。「午前10時に」は前置詞 at（一点を表す）を使って、at 10 a.m. とすれば完成です。

もしくは be to 構文を使って、The train was to leave ～「電車は～を出発することになっていた」と表すこともできます。

【"冠詞＋固有名詞"の考え方】
1 【原則】固有名詞には冠詞をつけない

| ① 名前（人名・国名・大陸・州・都市名・山・湖） |
| ② 建物・施設（駅・空港・公園・大学・橋・寺院） |

固有名詞には原則 the はつきません。駅や公園なども「固有名詞」とみなされており、冠詞はつけません。

2 【例外】固有名詞につく the

「海・川・新聞」などには、固有名詞であっても the がつきます。

| ［例］the Pacific Ocean「太平洋」　　the Nile「ナイル川」 |
| 　　 the New York Times「ニューヨークタイムズ紙」 |

こういったものは慣用であって、覚えるしかないものもありますが、「the Nile は、Nile と聞いて誰もが共通に認識できる『ナイル川』という意味になる」と、「共通認識」から考えられるものもあります。

| 解答例 |
The train was supposed［expected］to leave［depart］Tokyo Station at 10 a.m.
（別解）The train was to leave［depart］Tokyo Station at 10 a.m.

| Q | A | 確認テスト |
|---|---|---|
| □「人と結婚する」を表すには？ | marry 人／ get married to 人 | |
| □「人が～するのに 時間 がかかる」を表すには？ | It takes 人 時間 to ～ | |
| □「彼が家で勉強しているのを見る」を英語にすると？ | see him studying［study］at home | |
| □「人が～するのを手伝う」を表すには？ | help 人 {to} 原形 | |
| □「A を見ると人は B を思い出す」を表すには？ | A remind 人 of B | |
| □「～するはずだ」を表すには？（suppose／expect を使って） | be supposed［expected］to ～ | |

# Part 2

その他の「型」で押さえる語法

## rob 型の動詞 基本形：rob 人 of 物「人から物を奪う」

1 rob 人 of 物／ deprive 人 of 物「人から物を奪う」
2 cure 人 of 病気「人の病気を治す」　　　※人から病気を奪う
3 clear 人 of 物「人の物を片付ける」　　　※人から物を奪う
4 relieve 人 of 不安「人を安心させる」　　※人から不安を奪う

注意：【steal の語法】　※ steal は rob 型ではありません。

基本形：steal 物（from 人）　※ from 人 はあまり書かれない
頻出形：have 物 stolen　　　※ have OC の形

## provide 型の動詞 基本形：provide 人 with 物「人に物を与える」

1 provide 人 with 物／ supply 人 with 物「人に物を与える」
2 furnish 人 with 物／ feed 人 with 物「人に物を与える」
　 ※ furnish は「備え付ける」、feed は「食べ物を与える」
3 present 人 with 物「人に物を与える」
4 fill A with B「A を B で満たす」
5 face A with B ／ confront A with B「A に B を直面させる」
6 equip A with B「A に B を備え付ける」
7 endow 人 with 才能「人に才能を与える」
8 acquaint 人 with 〜「人に〜を知らせる」

## suggest 型の動詞 基本形：S suggest that s should 原形／原形

提案：suggest・propose「提案する」／ recommend「勧める」
主張：advocate「主張する」
要求：insist・request・require・demand「要求する」／ ask「頼む」
命令：order・urge「命じる」
決定：decide「決定する」

「提案・主張・要求・命令・決定の動詞」と説明されますが、すべて「命令」系統の動詞としてまとめられます。「提案（suggest）」＝「優しい命令」、「決定（decide）」＝「度がすぎた命令」と考えられますね。そして、that 節中では should 原形 もしくは 原形 を使います。すべて「命令」系統なので、that 節内も「命令する内容」→「命令文は動詞の原形」と考えれば OK です。

# 思考型の英作文

# Part 3

## Lesson 71 英作文の大原則：メッセージを伝える

例題

❶ 口から心臓が出るほど緊張している。

_____ nervous.

❷ 私は英語がうまく書けるようになるコツを知りたい。

I want to know how _____ .

❸ その動画は Twitter 上でバズっている。

Many _____ on Twitter.

### ▶ 英作文は「置き換え」ではない

　多くの受験生が、英作文は「日本語をひとつひとつ英語に置き換える」と考えており、これでうまくいく問題もあります（英作文での頻出表現や文法・語法が問われるもの）。

　しかし、この姿勢だけでは不十分です。ここでは、日本語を一字一句英語にするだけでは対応できないタイプの問題を扱っていきます。まず日本語が言いたいことを考え、「その文のメッセージを伝える」という発想が大切です。

> **Point**
> 日本語を一字一句訳すのではなく、「メッセージを伝える」という意識を持つ！

### ▶ 「炎上している」の英訳は？

　「彼の発言が炎上している」をそのまま英語にするのは、ほとんどの受験生にとって難しいはずです。そこで「炎上している」という日本語を噛み砕いて考えましょう。

　たとえば「炎上している」→「多くの人が批判している」と考えると、Many people are criticizing his comment. と表せますね。いきなり「日本語 → 英語」ではなく、「日本語 → メッセージ・もっとシンプルな日本語 → 英語」という発想をするほうが、確実に「伝わる」、そしてミスのない英文が書けるようになるのです。

※ちなみに「炎上する」は get flamed[roasted] で、記事の見出しなどでは、よく His post is getting roasted on Twitter.「彼の投稿は Twitter で炎上している」のように使われています。ただし、この表現を自分で使うのは難しいですよね。

## ▶ 慶應大学でも証明済み

この発想は、実は慶應大学の入試問題にもハッキリと書かれています。

---

以下の問題文は大学1年生 A と B の会話です。英語に直しなさい。

注意点：日本語の表現をうまく英語にできない場合は，別の言い方に変えてから英語にしてみましょう。(例) 難解 → わかりにくい → hard to understand

問題文：(以下略)

---

　注意点にある「日本語の表現をうまく英語にできない場合は，別の言い方に変えてから英語にしてみましょう」の部分は、まさに「日本語 → メッセージ・もっとシンプルな日本語 → 英語」という発想です。大学入試でも、この発想が重視されているわけです。

## 📖 例題の解説

❶「口から心臓が出るほど」→「すごく・本当に・とても」と考え、I am really[so/very] nervous. とすれば OK です。多少のニュアンスは犠牲になりますが、「メッセージ」は十分伝わりますね。

❷「英語がうまく書けるようになるコツ」→「英語をうまく書く方法」と考え、how to 〜 を使えば OK です。これも思いつかない場合は、「英語をうまく書きたい」と考え、I want to write {in} English well. と表すこともできます（少しニュアンスは変わりますが、十分合格点をもらえるはずです）。

　※「〜するコツ」に相当する単語は knack ／ hang ／ secret ／ tip などですが、これらを使うとミスの可能性が増えてしまいます（例：the knack for[of] -ing ／ the secret to -ing のように前置詞にも注意が必要）。やはり how to 〜 が最も確実です。

❸「バズっている」→「たくさんの人が見ている」と考え、Many people are watching 〜 とすれば OK です。「バズる」は buzz に由来する単語ですが、これを無理に使うと不自然な英語になってしまいます（buzz は主に名詞として使われます）。

　※ちなみに、「バズる」に対応する表現は go viral です。virus「ウイルス」の形容詞が viral で、「ウイルスの」→「(ウイルスのように) 急速に広がる・バズる」となりました。今後長文で出るはずなので、しっかりチェックを。

---

**解答例**

❶ I am really[so/very] nervous.

❷ I want to know how to write {in} English well.

❸ Many people are watching the[that] video on Twitter.

　（参考）The[That] video is going viral on Twitter.

---

# Part 3

## Lesson 72 疑問詞変換（1）whatやhowを使いこなす

🎧 72

### 例題

❶ 私は彼女の発言に感銘を受けた。

I was impressed by _____ .

❷ もっと多くの人に読書（reading）のすばらしさを知ってほしい。

I want more people to know _____ is.

❸ その本は私の思想に大きな影響を与えた。

That book _____ think.

---

## ▶ what を使った疑問詞変換

　ここからは「どうやって簡単な英語で表すか？」を具体的に解説していきます。

　非常に役立つのが「疑問詞変換」です。たとえば、「あなたの好み」は「あなたは何が好きか・あなたが好きなもの」と考えると、what you like と表現できます。これにより、冠詞や単数 or 複数で悩む必要がなく、preference や taste という単語も不要になります。

┌─【whatを使った疑問詞変換 1】────────────────────
│
│ □発言：what you say 　　　□話題：what you talk about 　□好み：what you like
│ □趣味：what you like to ～ 　□服装：what you wear 　　　□行動：what you do
│ □その本の内容：what is written in the book ／ what it says in the book
│ □その骨の成分：what the bone is[the bones are] made of
│
└────────────────────────────────────────

［例］その本の<u>内容</u>を信じてはいけない。　You shouldn't believe <u>what is written</u> in the book.

　what is happening ／ what is going on「起こっていること」は様々な日本語に対する便利な表現です。時制を変えたり少し変化させるだけで、いろんな日本語を表せます。

┌─【whatを使った疑問詞変換 2】────────────────────
│
│ □現状：what is happening now 　　　□日本の現状：what is happening in Japan
│ □自分の（私の）経験：what happened to me 　□世界の状況・国際情勢：what is going on in the world
│ □当時の状況：what was going on then[at that time]
│
└────────────────────────────────────────

［例］Twitter は、人々が<u>世界の状況</u>を知ることができる１つの手段だ。

　　　Twitter is one way that people can find out <u>what is going on in the world</u>.

## ▶ "how+形容詞・副詞" を使った疑問詞変換

「○○さ」「○○性」などの名詞は、how+形容詞・副詞「どれほど○○か」を利用できることがよくあります。たとえば「英語を書く難しさ」→「英語を書くことがどれほど難しいか」と考え、how difficult it is to write English と表せるわけです（仮主語構文）。

【howを使った疑問詞変換】

□難しさ：how difficult S is　　　□面白さ：how interesting S is
□すばらしさ：how wonderful S is　□高さ：how high[tall] S is
□重要性：how important S is　　　□効用：how effective S is

［例］大人になって初めて、勉強の重要性がわかった。
It was not until I became an adult that I realized how important studying is.

## ▶ how 単独／ the way ～ を使った疑問詞変換

how「どのように～」や the way ～「～する方法・様子」も便利です。「あなたの気持ち」→「あなたがどのように感じているか」と考えて how you feel と表せますね。

【howとthe wayを使った疑問詞変換】　※基本的にhowとthe wayはどちらでもOK

□外見：how you look　　　□気持ち：how you feel
□発生した仕組み：how it happened[occurred]
□人生観：the way you look at life　　□仕事ぶり：the way you work
□話し方：the way you speak　　　□思想・考え方：the way you think
□ありのままのあなた：the way you are

［例］人を見かけで判断してはいけない。　You should not judge people by how they look.

## 📖 例題の解説

❶「彼女の発言」→「彼女が言ったこと」と考え、what she said とすれば OK です。
❷「読書のすばらしさ」→「どれほど読書がすばらしいか」と考え、how wonderful reading is とします。"how 形容詞 S is" の形です。
❸「～に大きな影響を与える」は have a big influence on ～ という頻出表現ですね。そして「私の思想」→「どのように私が考えているか」と考え、how[the way] I think とします。

解答例

❶ I was impressed by what she said. ／ I was impressed by her remarks.
❷ I want more people to know how wonderful reading is.
❸ That book had a big influence on how[the way] I think.

# Part 3

**Lesson 73**

# 疑問詞変換（2）
# その他の疑問詞を使いこなす

🎧 73

---

## 例題

❶ 私たちの明日の出発時間を覚えていますか？　※現在形で

Do you know _____ tomorrow?

❷ 私は自分の居住地を書くことを求められた。

_____ live.

❸ その噂について、真偽のほどはわからない。

I do not know _____ .

---

## ▶ what・how 以外の疑問詞変換

　英作文では前回扱った what と how が特に便利ですが、もちろん他の疑問詞（や接続詞）も使えます。以下の例を通して、疑問詞変換の考え方に慣れておきましょう。

◆ **when**：「彼女の到着時間」→「いつ彼女が到着するか」と考え、when she will arrive などと表せます。他にも「インターネット黎明期」→「まだインターネットが新しかったとき」と考え、when the Internet was still new などと表すこともできます。

◆ **where**：「彼の出身地」→「彼はどこの出身か」と考え、where he is from と表せます（be from ～「～出身」）。直訳して his place of origin とする必要はありませんね。その他にも「彼の勤め先」→「彼はどこで働いているか」と考え、where he works と表すことができます。

　［例］私は彼の出身地を知らない。　　I do not know where he is from.
　［例］私は彼の勤め先よりも業務内容を知りたい。
　　　　I am more interested in what he does than in where he works.

◆ **who**：「創始者」→「誰が～を始めたか」と考え、who started ～などと表せます。
◆ **why**：「昨日の地震の原因」→「なぜ昨日の地震が起こったか」と考え、why yesterday's earthquake happened と書けば OK です。もしくは「昨日何が地震を引き起こしたか」と考え、what caused the earthquake yesterday とも表せます。

　［例］その学者は、昨日の地震の原因を説明した。
　　　　The scholar explained why yesterday's earthquake happened.
　　　　The scholar explained what caused the earthquake yesterday.

◆ whether：接続詞 whether も同じように英作文で役立ちます。たとえば「勝敗」→「勝つか負けるか」と考え、whether you win or lose と表せますね。また、「面白さにかかわらず」→「面白かろうが、そうでなかろうが」と考えることもできます（副詞節を作る）。

　[例]　彼は面白さにかかわらず、ジョークを言うのが好きだ。

　　　　He likes telling jokes, {regardless of} whether they are funny or not.

## ▶ 文法問題や和訳問題でも重宝する！

　この「疑問詞変換」という発想は、英作文に限らず、文法問題や和訳問題でも大切です。実際の入試問題を見てみましょう。

---

次の2つの文が、それぞれほぼ同じ意味になるように（　　　）内に適当な単語を1語ずつ入れなさい。

a. I know the founder of the company.

b. I know （　　　）（　　　）the company.　　　　　　　　　　　　　（大阪教育大学）

---

解説：a. は the founder of the company「その会社の設立者」です。「会社の設立者」→「誰が会社を
　　　設立したか」と考え、空所に who founded を入れれば OK です。found は「設立する」という
　　　意味の動詞で、過去形は founded になります。

和訳：a. 私はその会社の設立者を知っている。

　　　b. 私は誰がその会社を設立したのか知っている。　　　　　　解答：who founded

## 📖 例題の解説

- - - - - - - - - - - - - - - - - - - - - - - - - - - - - - - - - - - - - - - - - -

❶「私たちの明日の出発時間」→「私たちが明日いつ［何時に］出発するか」と考え、when［what time］we leave［depart］tomorrow とすれば OK です。departure time「出発時間」を使うよりも自然になります。

❷「自分の居住地」→「自分がどこに住んでいるか」と考え、where I live とします。「居住地」は residence ですが、where を使ったほうが簡単ですね（冠詞などを考える必要もありません）。

❸「その噂について、真偽のほど」→「その噂が真実かどうか」と考え、whether the ［that］rumor is true or not とします。veracity「真実性・正確性」を使って veracity of the rumor と表すこともできますが、ほとんどの受験生はこんな単語知りませんよね（英検1級レベル）。whether を使えば、veracity なんて単語を知らなくても正しく表せるのです。

解答例

❶ Do you know when［what time］we leave［depart］tomorrow?

❷ I was asked to write where I live.

❸ I do not know whether the［that］rumor is true or not.

# Part 3

**Lesson 74**

# ひらがな変換
# 漢字を「ひらがな」にする

74

### 例題

❶ その本は難しかったので、再読しようと思っている。

That book was hard, so I'm thinking about _____.

❷ さっきから、あのパンダは微動だにしていない。

That panda _____ in quite a while.

❸ 英語圏と日本では、文化に大きな違いがある。

There are big differences in culture between _____.

疑問詞変換と同じような発想で、漢字を「分解」する、漢字を「ひらがな」にする、漢字を「SV」で表す、という考え方が英作文でとても役立ちます。

## ▶ 漢字を「分解」する

日本語の「漢字」部分をうまく訳せないとき、その漢字部分を「分解」してみてください。

たとえば、「明言する」は declare などですが、これが思いつかない場合は「明確に言う・はっきり言う」と分解します。すると、say 〜 clearly で表すことができます。

［例］彼は次の選挙に出馬すると明言した。　　※ run in 〜「〜に出馬する」

　　　He said[stated] clearly that he would run in the next election.

## ▶ 漢字を「ひらがな」にする

「〜する意欲が薄れてきた」をそのまま英語にすると The desire to 〜 has lessened. ですが、これを自分で書くのは難しいですよね（英語としてもあまり自然ではありません）。

そこで「意欲が薄れてきた」→「私はもう〜したくないと思っている」と考えると、I don't want to 〜 anymore. と表せます（not 〜 anymore「もはや〜ない」）。

［例］新しいことに挑戦する意欲が薄れてきた。

　　　I don't want to try new things anymore.　※「私はいくらかの意欲を失った」と考え、

　　　I have lost some of my desire to try new things. と表すこともできます。

## ▶ 漢字を「SV」にする

たとえば、「口癖」や「後継者不足」をそのまま英語にするのは難しいですね。そこで、「口癖」→「いつも言っている」、「後継者不足」→「後を引き継ぐ人・（企業の）リーダーが＋

分にいない」と SV にして考えてみてください。

［例］彼は「忙しい」が口癖だ。

He <u>always says</u>, "I'm busy." ／ He says "I'm busy" <u>all the time</u>.

※ pet phrase「口癖」という表現を使うよりはるかに簡単ですね。

［例］多くの会社が後継者不足に悩んでいる。

A lot of companies are worried that <u>they won't have enough {company} leaders in the future</u>.

この他にも、「革命児」→「革命をもたらした・大きな変化をもたらした」と考えると、「彼はこの分野における革命児だ」に近い内容を以下のように表せます。

［例］He has caused a revolution in this field.

（彼はこの分野において革命を起こした）

He has caused big changes in this field.

（彼はこの分野において大きな変化をもたらした）

He is a person who has made big contributions to this field.

（彼はこの分野に大きく貢献してきた人物だ）

> **Point**
>
> 英語にするのが難しい漢字は… 分解／ひらがな／SV にしてみよう！

## 📖 例題の解説

❶「再読する」→「再び読む」と考え、read it again とします。reread「再読する」という単語が思いつかなくても、漢字を分解して考えれば問題ありませんね。

※ think は基本的に進行形にしませんが、今回は「（今まさに）〜しようと思っている途中」なので、I'm thinking about 〜 となっています。普段からの「考え・信念」は 5 秒ごとに中断・再開できませんが、「考え中・検討中」は 5 秒ごとに中断・再開できますね。

❷「微動だにしていない」→「まったく動いていない」と考え、has not moved at all とします。まじめな受験生ほど、辞書で「微動」を調べて、tremor ／ quiver などを覚えようとするのですが、これではキリがありませんよね（どちらも英検 1 級レベルです）。

❸「英語圏」→「英語が話されている場所［国々］」と考え、{the} places[countries] where English is spoken とします。the English-speaking world ／ the English-speaking countries「英語圏」といった表現もありますが、SV で考えたほうが確実です。

解答例

> ❶ That book was hard, so I'm thinking about <u>reading it again[rereading it]</u>.
>
> ❷ That panda <u>has not moved at all</u> in quite a while.　※ quite a while「長い間」
>
> ❸ There are big differences in culture between <u>{the} places[countries] where English is spoken and Japan</u>.

# Part 3

**Lesson 75** 主語の変換(1)「物」を主語にする

75

---

**例題**

❶ 彼女の話を聞いて、私はより勉強する気になった。

What _____ .

❷ この道を行けば、その公園に着きます。

This road _____ .

❸ このリンクをクリックすると、当社のウェブサイトを表示（display）できます。

Clicking on this link will _____ .

---

　英作文では「人⇔物」を入れ替えると、表現しやすくなることがよくあります。まず「無生物主語」のパターンを整理しておきましょう。「原因（〜によって）」や「条件（〜すれば・〜すると）」を表す日本語があれば、無生物主語構文を使えないか考えてみてください。

【"SVOC"系：頻出】

□ make[have/let] OC「O を C にする」　※172ページ

□ keep[leave] OC「O を C のままにする」　※175ページ

□ help 人 {to} 原形「人 が〜するのを手伝う・〜するのに役立つ」　※177ページ

【"SVOC"系：「可能・不可能にする」】

□ enable[allow/permit] 人 to 〜「人 が〜するのを可能にする」　※50、176ページ

□ prevent[keep/stop] 人 from -ing「人 が〜するのを妨げる」　※51、180ページ

【"SVOC"系：「やる気にさせる・やる気を失わせる」】

□ motivate 人 to 〜「人 を〜する気にさせる」

　※他に inspire ／ stimulate ／ influence ／ encourage なども似た意味

□ discourage 人 from -ing「人 が〜する気をそぐ・〜するのを思いとどまらせる」

　※ dissuade ／ deter なども似た意味　※180ページ

[ 例 ] スティーブ・ジョブズについて読んで、私は革新的な商品の設計について学びたいと思うようになった。

Reading about Steve Jobs motivated[inspired] me to learn about designing innovative products.

【"SVOO"系】

□ give 人 物 「 人 に 物 を与える」　□ save 人 手間 「 人 の 手間 が省ける」　※170ページ

［例］ ボランティア活動をすることによって、人々は他者との連帯感を感じられる。
Doing volunteer work <u>gives</u> people a sense of being connected to others.

［例］ オンラインバンキングのおかげで、私は銀行に直接行く時間と手間を節約できる。
Online banking <u>saves</u> me the time and effort of going to a bank in person.

【因果表現】

□ 原因 lead to 結果 ／□ 結果 come from 原因 など　※48ページ

【その他】

□ remind 人 of ～「 人 に～を思い出させる」　※178ページ
□ show「見せる」／□ reveal「明らかにする」／□ display「表示する」など
□ bring「連れて行く[来る]」／ take「連れて行く[来る]」／ get・lead「導く」

［例］ 履歴書を見ると、彼が成功したセールスマンだとわかる。
His résumé <u>shows</u> that he is a successful salesman.

［例］ この道路を進むと駅に着く。　This road <u>leads[goes] to</u> the station. ／
This road <u>takes[gets]</u> you to the station.

## 📖 例題の解説

❶「彼女の話」→「彼女が言ったこと」と考えて、What she said とします。そして「彼女の話は、私を～する気にさせた」と考え、motivate 人 to ～「 人 を～する気にさせる」や make OC「O を C にする」を使えば OK です。

❷「この道を行けば～に着く」→「この道は～につながっている／この道はあなたを～に連れて行く」と考え、This road leads[goes] to ～ . ／ This road takes[gets/will take/will get] you to ～ . とします。

❸「このリンクをクリックすると～が表示できる」→「このリンクをクリックすることは～を表示する」と考え、Clicking on this link will display ～ . とすれば OK です。

解答例

❶ What <u>she said motivated[inspired] me to study harder</u>. ／ What <u>she said made me want to study harder</u>.

❷ This road <u>leads[goes] to the park</u>. ／ This road <u>takes[gets/will take/will get] you to the park</u>.

❸ Clicking on this link will <u>display our website</u>.

PART
3

## Lesson 76 主語の変換(2) 「人」を主語にする

🎧 76

---

**例題**

❶ それは明日が賞味期限だ。

You should _____ .

❷ 日本では、10代（teenagers）のインターネット利用率は90％を超えている。

Over _____ the Internet.

❸ 東京では、エスカレーターの左側に立つのが普通だ。

In Tokyo, _____ the escalator.

---

### ▶ 「人」を主語にする

　無生物主語ばかり強調されがちですが、実は英語の世界では「人」を主語にする発想も強く、これは英作文で非常に役立ちます。たとえば、「頭が痛い」は「私は痛い頭（頭痛）を持っている」と考え、I have a headache. と表現しますね。無生物主語という言葉があるからといって、英語では人（生物）を主語にするのを好まないわけではなく、むしろ英語は「人」を主語にするのを好むとも言えるのです。

　※これまでにも、「～する人が多い」→「多くの人が～する」と考えて Many people ～ . で表す（62ページ参照）など、この発想は何度か出てきています。

### ▶ 「普及率」を英訳する

　以下の日本語を英語にしてみてください。

**アフリカでは、携帯電話の普及率が上がっている。**

　日本語の主語は「携帯電話の普及率」ですが、そのまま英語にするのは難しいですよね（penetration rate「普及率」という表現は、多くの受験生は使えないでしょう）。

　そこで、SV をずらして「人」を主語にして考えます。「アフリカでは～の普及率が上がっている」→「アフリカの人は～／アフリカに住んでいる人は～」と考えると、people {living / who live} in Africa を主語にすればよいとわかります。

　さらに「携帯電話の普及率が上がっている」→「携帯電話を持つ人が増えている・ますます多くの人が携帯電話を持っている」と考えれば、頻出表現 More and more people ～ . 「～する人が増える」を使えばよいとわかりますね。これで、「普及率」という日本語にこだわ

らず、メッセージを伝えることができます。

解答例：More and more people {living/who live} in Africa have cell[mobile] phones.

他の例も確認して、「人」を主語にする発想に慣れておきましょう。

**彼女は英語の発音がとても上手だ。**

→ 彼女は英語をとても上手に発音する。

解答例：She pronounces English very well.

**この部屋からの眺めは最高だ。**

→ あなたはこの部屋からの眺めは最高だとわかるだろう。

解答例：You will find the view from this room excellent.

Point

そのまま英語にするのが難しいときは、主語の「人⇔物」を変換してみよう！

## 📖 例題の解説

❶「明日が賞味期限だ」→「あなたは明日までに食べるべき」と考えれば OK です。これにより、best before date「賞味期限」や expiration date「賞味・消費期限」といった表現を知らなくても、きちんとメッセージを伝えることができます。

❷「日本では、10代の～利用率は90％を超えている」→「90％を超えた日本人の10代が～を利用している」と考えます。Over 90 percent of Japanese teenagers を主語にすれば OK です。

❸「～するのが普通だ」→「人々は普通～する」と考えれば OK です（頻度の副詞 usually は「not と同じ位置」に置く）。直訳して it is normal ～ とすると、後ろに to がくるのか that がくるのかなど、ミスが増える可能性があります。ぜひ「人を主語にする発想」を身につけてください。

解答例

❶ You should <u>eat it by tomorrow</u>.

（参考）It won't taste good after tomorrow.

❷ Over <u>90 percent of Japanese teenagers use</u> the Internet.

（参考）In Japan, the percentage of teenagers who use the Internet is over 90 percent.

❸ In Tokyo, <u>people usually[normally] stand on the left side of</u> the escalator.

（別解）In Tokyo, <u>it is normal to stand on the left side of</u> the escalator.

# 主語の変換（3）
# There is 構文 → SVOにする

🎧
77

**例題**

❶ 今月末に英語のテストがあるので、一生懸命勉強しなければならない。

I _____ , so I have to study hard.

❷ 世界中で多くの言語が失われているという報告がある。　※ lose を使う

It has _____ .

❸ そのイベントは中止になる可能性がある。

The event _____ .

## ▶ have を使いこなそう！

「〜がある・いる」という日本語を見ると、すぐに There is 構文を使う受験生がとても多いのですが、実際には have を使ったほうが自然なことが多々あります。

　たとえば、「少し時間があります」は、「時間がある」→「私は時間を持っている」と考えて I have some time. とすれば OK です。There is 〜 は「〜というものが存在する」というニュアンスなので、There is some time. だと「多少の時間が存在する」と聞こえてしまう可能性があります。以下の例も同様です。

［例］京都には伝統的なお寺や神社がたくさんある。

　　　Kyoto has many traditional temples and shrines.

［例］この会議室には、テーブルが 2 つとイスが 8 個ある。

　　　This meeting room has two tables and eight chairs.

［例］このイヤホンには、高性能なノイズキャンセリング機能がある。

　　　These earphones have high-performance noise cancelling.

## ▶ There is 構文 → "SVO" で表す

もちろん have 以外の動詞も使えます。たとえば、以下を英語にしてみましょう。

**その機械は水に濡れると故障する可能性がある。**

　直訳すると、There is a possibility that 〜 .「〜する可能性がある」となります（that は「同格」）。これでも意味は伝わりますが、少し冗長な印象になってしまいます。そこで、There is 構文ではなく助動詞を使って、SVO で表すとシンプルです。

解答例：The[That] machine may[might/can] break[be damaged/get damaged] if it gets wet.

（参考）：There is a possibility that the machine will break[become damaged/get damaged] if it gets wet.

**私の説明に不明な点があれば、気軽に質問してください。**

　これも「私の説明に不明な点がある」から、There is 構文を使おうとすると複雑になるので、「私の説明について質問を持っている」「私の説明が理解できない」などと考えればOK です。

解答例 1：If you have any questions about my explanation, please feel free to ask.

解答例 2：If you didn't understand my explanation, please feel free to ask questions[a question].

　「〜がある・いる」という日本語を見ると、つい There is[are] 〜 を使いたくなるのですが、これからは have などの動詞を使って "SVO" で表せないか考えるようにしましょう。

> **Point**
>
> 「〜がある・いる」は、There is 構文ではなく SVO で表してみよう！

## 📖 例題の解説

❶「今月末に英語のテストがある」→「私は今月末に英語のテストを持っている」と考え、I have an English test 〜 とすれば OK です。There is 構文を使うことも可能ですが、I have 〜 のほうが自然な英語になります。

❷「〜という報告がある」→「〜と報告されてきた」と考え、It has been reported that 〜 とすれば OK です。その後は「多くの言語が失われている（途中）」なので、進行形＋受動態（be being p.p.）にします。

❸「〜になる可能性がある」→「〜かもしれない」と考え、may を使えば OK です。直訳 There is a possibility that 〜 . よりも、かなりシンプルに表せますね。

**解答例**

> ❶ I have an English test at the end of this[the] month, so I have to study hard.
>
> ❷ It has been reported that many languages are being lost all over the world [around the world].
>
> （別解）It has been reported that many languages all over the world[around the world] are being lost.
>
> ❸ The event may[might] be canceled[cancelled].
>
> （参考）There is a possibility that the event will be canceled[cancelled].

## Lesson 78 「肯定」と「否定」を入れ替える

🎧 78

### 例題

❶ 彼の指示には逆らわないようにしなさい。

_____ .

❷ 一度も失敗したことがない人はいない。

Everybody _____ .

❸ 当社の従業員以外は、この情報にアクセスできません。

_____ of this company are permitted to _____ .

### ▶ できるだけ「肯定文」で表す

　日本語は否定表現を好みます。「〜というわけでもない」「なくもない」など、否定を使って遠まわしに表現することで、謙虚さや奥ゆかしさを表現するわけです。一方、英語では肯定文で「結局何が言いたいのか？」をシンプルに表すことが好まれます。

　たとえば「芝生立ち入り禁止」という掲示板には「禁止＝入っちゃいけ<u>ない</u>」と否定が使われていますが、その英訳は "Keep off the grass." 「芝生から離れていなさい」です。「〜しちゃダメ」ではなく、英語の世界では「〜しなさい」という発想が多いのです。

　この「肯定⇔否定」という入れ替えは英作文でとても役立ちます。以下はすべて「否定」→「肯定」に変換したもので、肯定文のほうが明確でスッキリした英文になります。

**昨日の夜電話したけれど、彼は家にいなかった。**

※「家にいない（not at home）」→「外出している（out）」

解答例：I called him last night but he was <u>out</u>.

**スマホに保護シートを貼る前に、画面に汚れがないことを確認すべきだ。**

※「汚れがない（not dirty）」→「きれいな（clean）」

解答例1：You should {check to} make sure that your smartphone's screen is <u>clean</u> before applying a screen protector.　※ screen protector「保護シート」

ちなみに、not を使わない否定表現の be free from 〜「〜がない」も使えます。

解答例2：You should {check to} make sure that your smartphone's screen is <u>free from dust[dirt]</u> before applying a screen protector. ※ dust・dirt「ほこり」

彼らの提案は、私たちが考えた提案と異なる点が1つもなかった。

※「異なる点が1つもなかった」→「すべての点で同じだった（the same as ～）」

解答例1：Their proposal was the same as[identical to] ours in every way.

解答例2：Every point in their proposal was identical to ours.

## ▶ 二重否定（1）　典型的なパターン

　さらにこの発想が役立つのが「二重否定」の場合です。「～ないことはない」をそのまま英語にするのではなく、「～だ」と肯定文で表したほうが適切な場合もよくあります。

彼のことを知らない若者はほとんどいない。

※「～を知らない若者はほとんどいない」→「ほとんどの若者が～を知っている」

解答例：Almost all young people know about him.

## ▶ 二重否定（2）　only を使うパターン

「～ない人は…できない」「～する人以外は…できない」→「～の人だけ（only）…できる」のように、二重否定を肯定文にするときに only が役立つ場面がよくあります。

免許を持っていない人は、この装置を使うことができない。

※「免許を持っていない人は～できない」→「免許を持っている人だけ～できる」

解答例：Only those with permission may[can/are permitted to] use this equipment.

補足 逆に「肯定→否定」の考え方が役立つこともあります。たとえば「愛は移ろいゆく」（肯定）→「愛は続かない」（否定）と考え、Love does not last. などと表せますね。

## 📖 例題の解説

- - - - - - - - - - - - - - - - - - - - - - - - - - - - - - - - - - - - - - - - - - - - - - - - -

❶「指示に逆らわないように」→「指示に従う」と考え、Obey[Follow] his orders. とします。「彼の言うことをする」と考え、Do what he says. としても OK です。

❷「一度も～ない人はいない」→「誰もが少なくとも一度は失敗したことがある」と考え、Everybody has made a mistake ～ . とします。もしくは現在形で、Everybody makes mistakes. としても OK です（これは「過去・現在・未来において当てはまる」ことを表しており、相手が失敗して落ち込んでいて、励ますときによく使われます）。

❸「当社の従業員以外は～できない」→「当社の従業員だけ～できる」と考え、Only {the} employees of this company are permitted to ～ . とすれば OK です。

解答例

❶ Obey[Follow] his orders. ／ Do what he says.　（参考）Do not disobey his orders.

❷ Everybody has made a mistake at least once. ／ Everybody makes mistakes.
（参考）There is nobody who has never made a mistake.

❸ Only {the} employees[staff members] of this company are permitted to access this information.

# Part 3

## Lesson 79 「能動」と「受動」を入れ替える

### 例題

🎧 79

❶ SNS 上では、そのドラマがよく話題にされている。

_____ on social media.

❷ 当時は、人工知能という言葉さえも世間に知られていなかった。

At that time, very _____ "artificial intelligence[AI]."

❸ 私は同僚（男性）から、仕事の不満を延々と聞かされた。

_____ endlessly to my coworker complain about how much he hated his job.

---

### ▶ 「能動態」で表現する

どうしても、「〜される」を見ると受動態を考えがちですが、「能動態」を使ったほうが自然なこともよくあります。受動態を使うのは、1「主語を言いたくない」、2「主語⇔目的語の位置を変えたい」という理由があるときでしたね（110ページ参照）。

そういった明確な理由がないときは、能動態を使ったほうが自然な英文を簡単に作れることが多いのです。実際、アメリカの高校でも「特別な理由がない限り能動態で書く」ように指導されることがあるそうです。

### ▶ 「話題にされる」を英訳する

**最近はクローン技術がよく話題にされている。**

上の日本語をそのまま英語にするのはかなり難しいですね。「話題」は the topic of conversation で、make <u>clone technology</u> <u>the topic of conversation</u> 「クローン技術を話題にする」となります（make OC）。これを受動態にして、（△）These days clone technology is often made the topic of conversation. と表すことは可能ですが、複雑で不自然な印象を与えます。

そこで、「能動態」で表してみましょう。「〜がよく話題にされている」→「人々は〜についてよく話している」と考えると、People often talk about 〜 とシンプルに表せますね。こちらのほうが簡単ですし、英語としても自然です。

解答例：These days people often talk about clone technology.

他の例を通して、能動態を使う感覚に慣れておきましょう。

**彼にうるさすぎると文句を言われた。**

※「彼に私は文句を言われる」→「彼は私に文句を言う」

受動態：I was criticized by him for being too noisy.

→ 能動態：He complained that I was too noisy.

受動態で表すことも可能ですが、complain「文句を言う」ではなく criticize「批判する」を使う必要があります。（×）be complained by ～ の形は使えないからです（complain の直後には of や that ～ などがくるのでしたね。180ページ参照）。一方、能動態であれば complain that ～「～と文句を言う」と表せます。

**国民全員が税金を払うことを義務付けられている。**

※「義務付けられている」→「～しなければならない」

受動態：All citizens are required[obligated] to pay taxes.

→ 能動態：All citizens must pay taxes.

この２つはどちらも自然ですが、能動態だと must という簡単な単語で表せます。

> **Point**
>
> 「～される」という日本語でも、「能動態」で表せないか考えてみよう！

## 📖 例題の解説

❶「～がよく話題にされている」→「人々は～についてよく話している」と考え、people often talk about ～とすれば OK です。

❷「～は世間に知られていなかった」→「～を知っている人はほとんどいなかった」と考えます。very few people ～「～する人はほとんどいない・とても少ない」という頻出表現を使い、very few people even knew ～ とすれば OK です。

❸「私は同僚から～を聞かされた」→「私は～を聞かなければならなかった」と考え、I had to listen endlessly to ～ . とします。ちなみに、後半では「仕事の不満」→「どれくらい仕事を嫌がっているか」と考え、how much he hated his job と表しています（疑問詞変換の発想）。

解答例

> ❶ People often talk about that[the] drama on social media.
> ❷ At that time, very few people even knew the word[expression/term] "artificial intelligence[AI]."
> ❸ I had to listen endlessly to my coworker complain about how much he hated his job.

# Part 3

日本語をスッキリさせる

80

---

**例題**

❶ 大企業の場合、従業員を守る規則がたくさん存在する傾向にある。

_____ have a lot of rules for protecting workers.

❷ あの店では、その新商品が扱われている。

_____ the new product.

❸ アルバイトでもしようと思っているんだけど。 ※ get a part-time job「アルバイトをする」

I'm thinking _____ .

---

## ▶ 長い前置きはカットする

　日本語では、丁寧さを表すために「～としましては」といった前置き表現をよく使います。しかし、英語はシンプルに表現することを好むため、前置きを英語にする必要はありません。

　たとえば「私としましては、その意見に賛成できかねます」は、「私はその意見に賛成できない」と考えて I don't agree with that opinion. とすれば OK です。わざわざ、As far as I'm concerned, ～「私に関して～」を使わなくてもいいのです。

　これ以外にも、前置き表現として「～では」「～の場合」「～に関しては」「～について言うと（言えば）」などが多用されますが、すべてカットして OK です。実際には話題を提示しているだけで、結果的に「主語」に組み込めることがよくあります。

**気候変動に関して言えば、その深刻さはどんどん増している。**

→「気候変動はますます深刻になっている」

解答例：Climate change is becoming more and more serious.

※直訳して with regard to ～「～に関しては」などを使うと、かえって不自然になります。

**歌が上手であれば誰でも歌手になれるかと言えば、必ずしもそうではない。**

→「歌が上手な人誰しもが歌手になれるわけではない」

解答例1：Not all people who are good at singing can become {professional} singers.

解答例2：Just because someone can sing well, it does not mean that they can become a {professional} singer.

※ Just because ～ , it does not mean ...「単に～だからといって、…というわけではない」の形（49ページ参照）

> 前置き表現はカットして、「主語」に組み込んでみよう！

## ▶ 「断定回避表現」もカットして OK

　日本語はハッキリ言うことを嫌うため、「〜でも・ほど・のような」などの断定を回避する表現がよく使われますが、これもカットして OK です。たとえば「彼にメール<u>でも</u>しよう」では、「でも」をカットして I will e-mail him. とします。

　また、会話でよく使われる「〜だけど」も英語に訳す必要はありません。安易に but やthough を使わないように注意してください（「前の内容と逆になる」ときだけ使います）。

## ▶ 「〜という」もカットしよう

　その他に、日本語では「〜という（こと）」という言い回しがよく使われますが、これもカットして OK です。たとえば、「彼女が失敗した<u>という事実</u>は受け入れがたい」は「彼女が失敗したことが信じられない」と考え、I can't believe that she failed. とすれば十分です。わざわざ the fact that 〜「という事実」とする必要はないわけです。「同格」はミスが多いところなので、使わなくても意味が変わらないなら避けたほうが無難です。

## 📖 例題の解説

- - - - - - - - - - - - - - - - - - - - - - - - - - - - - - - - - - - - - - - - - - - - -

❶ 「<u>大企業の場合</u>、〜が存在する傾向にある」→「<u>大企業は</u>〜を持つ傾向にある」と考え、Large companies を主語にすれば OK です。これにより、There is 構文ではなく have を使って SVO で表せる点もバッチリですね。「〜の場合」という日本語を見ると、どうしても in the case of 〜「〜の場合」を使いたくなりますが、冗長な印象を与えることが多く、主語に組み込んだほうがスッキリすることがよくあるのです。

❷ 「<u>あの店では</u>〜が扱われている」→「<u>あの店は</u>〜を持っている（売っている・扱っている）」と考え、That shop[store] has[sells/carries] 〜 . とします。

　※そのまま英語にすると、（△）The new product is carried by that shop. と受動態になり、かなり不自然です。That shop[store] を主語にすることで、能動態でシンプルに表すことができます。

❸ 「アルバイト<u>でも</u>しようと思っている<u>んだけど</u>」では、「でも」や「だけど」を英語にする必要はありません。I'm thinking about[of] 〜「〜について考えている」の後は、getting a part-time job と続ければ OK です。

解答例

---

❶ <u>Large companies tend to</u> have a lot of rules for protecting workers.
❷ <u>That shop[store] has[sells/carries]</u> the new product.
❸ I'm thinking <u>about[of]</u> getting a part-time job.

# Part 3

## Lesson 81 「対比」を利用する

🎧 81

### 例題

❶ 日本では 8 月は夏だが、オーストラリアではその真逆だ。

August is the summer in Japan, but in Australia _____ .

❷ 天気予報では雨だったが、その予報は当たらなかった。

The weather forecast said it would rain, but _____ .

❸ 私は彼が試験に落ちるかもしれないと心配していたが、それは杞憂(きゆう)に終わった。

I worried that he might fail the exam, but _____ .

## ▶ 英作文でも「対比」を利用できる

「彼の顔は真っ白だが、彼女の顔はリンゴだ」と言えば、「真っ白」と「リンゴ」は対比され、ここでの「リンゴ」は間違っても「果物」ではなく、「赤い」と解釈しないといけませんよね。このように、「対比を利用する」考え方は英作文でも役立ちます。以下の日本語を英語にしてみましょう。

> 日本の気候はたいてい快適だが、6月となると話は別だ。
> Japan's climate is uaually pleasant, but _____ .

「6月となると話は別だ」→「6月においてそれは事実ではない」と考え、that is not the case in June とするのが最も自然です（That is not the case.「それは事実ではない・話は別だ」はよく使われる表現）。他に be true of ～ ／ apply to ～「～に当てはまる」などの頻出表現も使えます（88ページ参照）。

　ただ、これらの表現が思いつかなくても「対比」を利用して表すことができます。前半「日本の気候はたいてい快適」と、後半「6月となると話は別」は逆接の関係になっていますね。つまり、「日本の気候はたいてい快適（usually pleasant）」⇔「6月の気候は快適ではない」と考え、it is not pleasant in June と表現できるわけです（この it は the climate「気候」を指しています）。このように、対比関係になっているときは「反意語や not を使って表現できる」ことがよくあるのです。

解答例：Japan's climate is usually pleasant, but that is not the case in June.

（別解）～ that is not true of June. ／～ that {statement} does not apply to June.

（別解）～ it is not pleasant in June. ※「対比」を利用したパターン

## ▶ 「画一的な社会」をどう表す？

もう少し難しい例も見ておきましょう。「画一的な社会」をどう表すかがポイントです。

**日本が画一的な社会なのに対して、海外では多様性を尊重する動きが広まっている。**

「画一的な社会」は a homogenous society ですが、なかなか難しいですよね（長文では出てくるのでぜひチェックを）。そこで、「日本は画一的な社会」⇔「海外は多様性を尊重」という対比を利用します。「画一的な社会（＝あまり多様でない・違いがあまりない）」⇔「多様性」と考え、not very diverse や there are not great differences between people などと表現すれば OK です。入試では、これで十分合格点に届くでしょう。

PART 3

解答例1：Unlike Japan, which is not very diverse, movements to respect[value] diversity are becoming more widespread[common] in other countries.

解答例2：Unlike Japan, where there are not great differences between people, movements to respect[value] diversity are becoming more widespread[common] in other countries.

> **Point**
> 対比を見つけたら、反意語や not を使って表現してみる！

## 📖 例題の解説

❶「その真逆」は the exact opposite です。ただ、現実にはこれがスッと出てくる受験生はそれほど多くないでしょうから、「日本では8月は夏」⇔「オーストラリアでは8月は真逆（＝冬）」という対比を考え、it is the winter と書けば OK です。

❷「天気予想では雨」⇔「その予報は当たらなかった（＝雨は降らなかった）」と考え、it didn't とすれば OK です。「その予報はまちがっていた」と考えて、it was wrong と表すこともできます。

❸「心配していた」⇔「杞憂に終わった（＝心配する必要はなかった）」と考えて I didn't need to worry とします。もしくは「彼が試験に落ちるかもと心配していた」⇔「それは杞憂に終わった（＝彼は受かった）」という対比を考え、he passed としても OK です。

解答例

> ❶ August is the summer in Japan, but in Australia it is the winter[the exact opposite].
>
> ❷ The weather forecast said it would rain, but it didn't[it was wrong].
>
> ❸ I worried that he might fail the exam, but {in the end} I didn't need to worry.
> （別解）I worried that he might fail the exam, but {in the end} he passed.

# 「ことわざ・慣用句・比喩」を表す

🎧 82

## 例題

❶ 昨日は歩きすぎて、足が棒になったよ。

I walked too much yesterday, and I _____ .

❷ 彼に勉強するように言っても、暖簾に腕押しだった。

_____ .

❸ 睡眠不足で、今日は頭に霧がかかったような感じがしている。

I didn't get enough sleep, so _____ .

## ▶ 「子どもに説明する」と考える

大学入試では「ことわざ・慣用句」や「比喩」を英訳させる問題がよく出ます（特に国公立大に多い）。そういった問題では「子どもに説明する」発想を持ってください。目の前にいる子どもに説明してあげるという意識を持つことで、簡単な英語で表現しやすくなります。いくつか練習してみましょう。

**彼はその歌を十八番にしている。**

※「その歌を十八番にしている」→「その歌がとても（特に）得意だ」

解答例：He is really[particularly] good at {singing} that song.

**10年ぶりに彼に会ったが、昔の面影がまったくなかった。**

※「昔の面影がまったくなかった」→「完全に変わっていた」

解答例：When I met him for the first time in ten years, he had changed completely {from how I remembered him}.

**彼は家にスマホを忘れて、電車に乗っているとき手持ちぶさたにしていた。**

※「手持ちぶさた」→「何もすることがない」「退屈だ」など

解答例1：He left his smartphone at home and had nothing to do on the train.

解答例2：He left his smartphone at home and felt[was] bored on the train.

## ▶ 「比喩」も同じ発想で

　入試では比喩も頻出で、たとえば岡山大学では「観光や開発の波が押し寄せている」、九州大学では「若い人の旅行に火をつけていた」を英訳させる問題が出ています。苦労して直訳しようとする受験生が多いのですが、同じく「子どもに説明する」と考えればOKです。

**新年に日の出を見て、心が洗われるような気分になった。**
※「心が洗われるような気分になった」→「すっきりした」
解答例：Seeing the first sunrise of the new year, I <u>felt refreshed</u>.

**彼は常に流行の波に乗ろうとしている。**
※「流行の波に乗る」→「流行についていく」
解答例：He is always trying to <u>keep up with {the latest} trends</u>.

　慣用句や比喩を英訳させる問題では、「前後の日本語」がヒントになることも多いです。その慣用句自体が難しくても、文脈から大体の意味がわかることはよくあるので、それを「子どもに説明する」と考えて英語にすればよいわけです。

> ことわざ・慣用句・比喩は「子どもに説明する」発想で英語にしよう！
>
> Point

## 📖 例題の解説

❶「足が棒になった」→「とても疲れた」と考え、I was very tired とすればOKです。

❷「〜は暖簾に腕押しだった」→「〜は時間の無駄だった」と考え、〜 was a waste of time とします。もしくは対比を利用して、「彼に勉強するように言う」⇔「暖簾に腕押し（＝彼は勉強しなかった）」と考え、〜, but he didn't. としてもOKです。さらに、「彼に勉強するように言ったが役に立たなかった」と考え、〜 but it was useless. などと表すこともできます。

❸「頭に霧がかかったような感じ」→「集中できない」と考え、I can't concentrate などとします。ちなみに、one's head is in a fog「（霧に囲まれているように）頭が冴えない・集中できない」という表現もありますが、受験生がこれを使うのは無理ですよね。

解答例

> ❶ I walked too much yesterday, and I <u>was very[really/so] tired[was exhausted]</u>.
> ❷ <u>Telling him to study was a waste of time</u>.
> 　（別解）<u>I told him to study, but he didn't[wouldn't]</u>. ／ <u>I told him to study, but it was useless</u>.
> ❸ I didn't get enough sleep, so <u>I can't concentrate today</u>.
> 　（参考）I didn't get enough sleep and today it feels like my head is in a fog.

# Part 3

# There is 構文

## There is 構文の考え方

　Lesson77で、「〜がある・いる」に There is 構文を使いすぎないほうがいいと説明しました。それではどんな場面で There is 構文を使うかというと、「新情報」を伝えるときです。There is 構文の成り立ちを通して、正しい使い方を理解しておきましょう。

　情報を伝えるとき、「旧情報（すでに知っていること） → 新情報（まだ知らないこと）」の流れが一番自然です。そのため、（△）A pen is on the desk. という文は、いきなり A pen「（たくさんペンの中からどれでもいい）１本のペン」という特定できない新情報がきており、少し違和感があります。そこでこの新情報を後ろにもっていき、空いた場所に There を入れてできあがったのが There is 構文です。

---

| | | |
|---|---|---|
| （△） | A pen is on the desk. | ※文頭に新情報は不自然 |
| | φ is a pen on the desk. | ※先頭がぽっかり空いたので… |
| （◎） | There is a pen on the desk. | ※空いたところを There で埋める |

---

　つまり There is は「これから新情報を言いますよ」という、いわば「合図・警告」の役目があります。相手が知らない人や物の存在を「こんなものがありますよ」と気づかせるイメージなのです。そのため、後ろには多くの場合「新情報（a・some など）」がきます。

　裏を返せば、基本的に There is の後ろに「旧情報（the・my など）」はきません。There is を使って「新情報がきますよ」と合図しておきながら、旧情報がきてしまったら、There is 構文の存在意義がなくなりますよね。There is 構文は使う場面が決まっており、さらに be 動詞や時制のミスなどが増えがちなので、「〜がある・いる」という日本語でもできる限り SVO で表すと意識しておきましょう。

**Point**

> There is 〜 は相手に「新情報を伝える・気づかせる」ときに使う！

【There is 構文の詳解】

```
        ┌→ 主語・時制によって変化する（are・was・were・will be など）
There is ＋ 主語 ＋ 場所を示す語句 .「（場所に）〜がある」
        └→ 主語は be 動詞の「後ろ」にくる
```

## 補足事項 単語が思いつかないときの対処法

### 「一般 ⇔ 具体」を利用しよう！

　ある国立大学の英作文で、「カタツムリ（snail）」や「セミ（cicada）」が出たことがあります。こんな単語は知らないでしょうし、一つ一つ覚えていてはキリがありませんよね。

　このように単語がまったく思い浮かばないときは、「一般 ⇔ 具体」のテクニックを使ってみてください。言いたい単語を、一般化 or 具体化して伝える技術です。

| 1 一般化：「○○のひとつ」と言ってみる　　　2 具体化：「たとえば○○」と言ってみる |
| --- |

　1 たとえば「セミ」は「虫の1つ」ですね。ですから、an insect that lives in hot places「暑い場所に住んでいる虫」くらいで少しは伝わります。まずおおざっぱに「何の仲間なのか？」を考えて、余裕があれば「形・色・場所・目的」などの特徴を加えればOKです。この発想を使って、「ショベルカー」を表してみましょう。power shovel や excavator という単語がありますが、受験生がこれを使うのは難しいので、一般化してみます。

**彼はショベルカーの免許を持っている。**

※「ショベルカー」→「穴を掘るために使われる大きな機械（equipment）」

解答例：He has a license for heavy equipment {which is} used for digging.

　2 一般化とは逆に、「たとえば○○」と具体化して説明することもできます。「奇数」は odd numbers ですが、これが出てこない場合は具体化して the numbers like one, three, five, seven and so on「1、3、5、7などのような数字」と書けば伝えることはできますね。以下の例でも具体化の発想を使ってみましょう。

**この工場で働く際には、安全防具をつけてください。**

※「安全防具（protective gear）」→「ヘルメット、手袋」など

解答例：When you work in this factory, please wear a helmet and gloves.

> **Point**
> 難しい単語は、一般化「○○のひとつ」／具体化「たとえば○○」で表してみよう！

補足 大学入試では、こういった難しい単語が出てきたときは「前後の英文」にヒントがあることも多いです。入試で「英文の中で一部が日本語になっているものを英訳する」問題が出ることがあり、その前後の英文を利用できることがよくあるのです。

たとえば、ある国立大学で「そのナマケモノは〜」を英訳させる問題が出ましたが、その直前に a sloth「ナマケモノ」という単語が使われていました。これを利用して The sloth 〜 としてもOKですし、英文の続きですから The animal 〜「その動物は〜」と一般化しても自然につながります（「代名詞」を使うことも可能です）。英文中の英作文では、前後の英文を利用できないか考えてみてください。

# 演習問題

Lesson71 ～ 82までの内容に関連した入試問題に挑戦してみましょう。わからないときは解説を読み、本文に戻って内容を振り返るようにしてください。

## 問題

**❶** 子どもたちは生まれながらに遊び好きです。 (東京学芸)

_____ .

🔑ヒント ›「生まれながらに」→「生まれた○○から」

**❷** あなたの魚料理の腕前には本当に驚きました。 (日本女子)

_____ .

🔑ヒント ›「魚料理の腕前」で how を使えないか？

**❸** 重要なのは勝ち負けではなく、どのくらい熱心に取り組むかなのです。 (日本女子)

_____ .

🔑ヒント ›「勝ち負け」→「勝つか負けるか」／「熱心に」: passionately

**❹** 運転中に携帯電話（cell phone）を使うのは法律違反です。 (東京歯科)

_____ .

🔑ヒント ›「運転中に」: while driving ／「法律違反」を説明してみる

**❺** この道を行けば駅に出ます。★ [this road/you] を使って8語で (早稲田)

_____ .

**❻** いくら難しくても、その本を読まなければならない。<u>宿題の提出日は次の水曜日だ。</u>

★下線部のみ英訳　※相手に話している状況 (日本女子)

_____ .

🔑ヒント ›「提出日は～だ」→「～までに提出しなければならない」

**❼** 推計によれば、ドイツ語には約185,000語の語彙があり、フランス語の語彙は100,000未満だ。 (和歌山)

_____, and French fewer than 100,000.

🔑ヒント ›「ドイツ語」: German

❽ しかし、文字があろうがなかろうが、ことばの基本的な働きに変わりはない。　　　　　（京都）

_____ .

🔑ヒント ＞ 「文字がある」→「（ことばは）文字（written form）を持っている」／「変わりはない」→「同じ」

❾ 私が日本手話を習った当時は、まだ手話という言葉さえも世間には知られていませんでした。　　　　　（関西学院）

At the time I learned Japanese Sign Language, _____ .

🔑ヒント ＞ 「世間には知られていなかった」を能動態で表してみよう／「言葉」：（ここでは）expression ／ term

❿ この記事では、他の国で教育を受けた人を日本企業が求めていない理由が解説されています。　　　　　（福島）

_____ .

⓫ 大事なのは「自分とは異なる価値観がある」ことを知り、それを無下に否定せず、冷静に受け入れることです。　　　　　（大分）

_____ .

🔑ヒント ＞ 「異なる価値観がある」→「異なる価値観を持った人もいる」／「否定する」：reject ／
「冷静に」：calmly

⓬ 口数が少ないので、彼女はつかみどころのない人だ。　　　　　（愛知教育）

_____ .

🔑ヒント ＞ 「口数が少ない」→「あまり話さない・静か」／
「つかみどころのない」→「どんな人かわかりにくい」

## ❶「生まれながらに」をどう表す？ ➡ Lesson 71

「子どもたちは遊び好き」＝「子どもたちは遊ぶのが好き」は、Children like playing とします。そして「生まれながらに」→「生まれたときから」と考え、from the time {when} they are born とすればOKです。もしくは「生まれながらに遊び好き」→「遊ぶ本能を持っている」と考え、have the instinct to play と表すこともできます（この to は「同格」）。ちなみに、「生まれながらに」に対応する英語は instinctively／by nature です。

| 解答例 |
Children like playing from the time {when} they are born.
（別解）Children have the instinct to play.
（別解）Children instinctively like playing.／Children like playing by nature.

## ❷ how を使った疑問詞変換 ➡ Lesson 72

「私は〜に本当に驚いた」は I was really surprised at 〜 です。「あなたの魚料理の腕前」→「あなたがどれほど魚料理をうまく作るか・魚を料理するか」と考え、how well you cook fish {dishes} とすれば OK です。ちなみに、fish は単複同形なので、基本的に複数の s は不要です。
※ be surprised at 〜 の後に単語がくる（例：be surprised at the news「その知らせに驚く」）印象が強いと思いますが、実際には今回のように how や what のカタマリがくることもよくあります。

| 解答例 |
I was really surprised at how well you cook[prepare] fish {dishes}.
（別解）I was really surprised at your skill at cooking[preparing] fish {dishes}.

## ❸ whether を使って変換する ➡ Lesson 73

「重要なのは A ではなく、B だ」は、What is important is not A, but B. の形にします（73ページ参照）。「勝ち負け」は「勝つか負けるか」と考えて、whether you win or lose とすれば OK です（you は「総称」）。強調構文 "It is not A but B that 〜 ." も使えます。
※ここでは「取り組む」が英語にしづらいですが、do things「物事をする・物事に取り組む」などでいいでしょう。things は漠然と「物事」を表すのに便利でしたね。

| 解答例 |
What is important is not whether you win or lose, but how passionately you do things[do your work].
（別解）It is not whether you win or lose, but how passionately you do things[do your work] that matters. ※ matter は動詞「重要だ」

## ❹「漢字」をSVに分解する ➡ Lesson 74

「運転中に携帯電話を使うこと」は、Using a cell phone while driving とします（while driving「運転中に」／ while walking「歩行中に」は英作文で便利な表現で、「歩きスマホ」は using a smartphone while walking です）。

「法律違反」は illegal ですが、出てこない場合は「法律に違反している」と考えて be against the law、「法律によって禁止されている」と考えて be prohibited by law と表せば OK です（SV に分解する発想）。いずれの表現も思いつかない場合は、「法律違反」→「～してはいけない」と考えて You must not use ～ と表してもいいでしょう（総称の you）。

※不定詞を使って（△）To use a cell phone ～ と主語を作るのはやや不自然です。動名詞で Using ～とするか、仮主語構文で It is illegal[against the law/prohibited by law] to use ～ とするのが自然です。主語を作るとき、「動名詞」か「仮主語構文」を第一候補にするのでしたね（125ページ参照）。

| 解答例 |
Using a cell phone while driving {a car/vehicle} is illegal[against the law/prohibited by law].　※ a car/vehicle は言わなくてもわかるので原則不要
（別解）It is illegal[against the law/prohibited by law]to use a cell phone while driving {a car/vehicle}.
（別解）You must not use a cell phone while driving a car.

## ❺「物」を主語にする ➡ Lesson 75

語群の This road が主語になります。「この道を行けば～に出る」→「この道はあなたを～に連れて行く」と考え、This road will take[lead] you to ～ とすれば OK です。「無生物主語」の典型的なパターンなので、道案内をするつもりでパッと口から出るようにしておきましょう。

| 解答例 |
This road will take[lead] you to the station.

## ❻「人」を主語にする ➡ Lesson 76

「宿題の提出日は次の水曜日」→「あなたは次の水曜日までに宿題を提出しなければならない」と考え、You have to submit[hand in] ～ とすれば OK です。「提出日」をそのまま英語にするのは難しいですが、「人」を主語にすると簡単に表せますね。「次の水曜日までに」は期限なので、by を使います。by は「～までには（期限）」、till・until は「～するまでずっと（継続）」です。

※形容詞 due「提出期限がきた」を使って、The homework is due next Wednesday. と表すこともできます。「宿題の提出日」をそのまま英訳すると The due date for the homework ですが、これは少し回りくどい印象になります。

| 解答例 |
You have to submit[hand in] the homework[assignment] by next Wednesday.
（別解）The homework[assignment] is due next Wednesday. ／ The due date for the homework[assignment] is next Wednesday.

## ❼ SVOで表す ➡ Lesson 77

「推計によれば」は According to ～「～によると」を使います。「ドイツ語には～の語彙がある」→「ドイツ語は～の語彙を持っている」と考え、German has ～ とすれば OK です（後ろの French {has} fewer than ～ ともつながりますね）。「～がある」を見ると There is 構文を使いたくなりますが、できる限り have などを使って SVO で表すと意識してください。ちなみに、According to estimates を使わずに、S is estimated to ～「S は～と推定されている」の形で表すことも可能です。

> | 解答例 |
> According to estimates, German has about[approximately/around/roughly] 185,000 words, and French fewer than 100,000.
> （別解）German is estimated to have about[approximately/around/roughly] 185,000 words, and French fewer than 100,000.

## ❽ 「否定」→「肯定」 ➡ Lesson 78

「文字があろうがなかろうが」→「ことばは文字を持っていようがいなかろうが」と考え、whether {a} language has a written form or not とします（whether ～ or not「～であろうがなかろうが」）。そして「変わりはない」（否定）→「同じ」（肯定）と考え、the basic function of language is <u>the same</u>「ことばの基本的な働きは<u>同じ</u>だ」とすれば OK です。否定文で does not change でもいいですが、「肯定」で表したほうがすっきりした英語になります。

> | 解答例 |
> However, whether {a} language has a written form or not, the basic function of language is[remains] the same.

## ❾ 「受動」→「能動」 ➡ Lesson 79

「～は世間に知られていなかった」（受動）→「ほとんどの人が～を知らなかった」（能動）と考え、very few people ～「ほとんどの人が～ない」とすれば OK です。「『手話』という言葉」は the expression[term] "sign language" とします。日本語では「手話」は1つの言葉ですが、英語では sign language という2単語なので、word「単語」よりも expression「表現」や term「用語」が適切です。

※「世間に知られていなかった」を、そのまま was not known to the public と受動態で表すのは不自然です。この表現は、たとえば「芸能人のニュースが世間に出る」ような場合に使い、今回の場面では適切ではありませんが、こういった面倒な使い分けも「能動態」で表せば解決してしまいます。

> | 解答例 |
> At the time I learned Japanese Sign Language, very few people even knew the expression[term] "sign language."
> （別解）At the time I learned Japanese Sign Language, people did not even know the expression[term] "sign language."

## ⑩「〜では」を主語に組み込む ➡ Lesson 80

「この記事では〜されている」をそのまま訳すのは厄介なので、「この記事では」を主語に組み込みます。「この記事では〜が解説されている」（受動）→「この記事は〜を解説している」（能動）と考えると、This article explains 〜 とシンプルに表せますね。

その後は「〜を日本企業が求めていない理由」→「〜を日本企業が欲しくない・日本企業が雇いたくない理由」と考え、the reason {why} Japanese companies don't want {to hire} とします。

最後に「他の国で［海外で］教育を受けた人」を、people who received their education in another country[in other countries] ／ people who received their education abroad とすれば完成です（abroad は副詞なので、直前に前置詞は不要）。

| 解答例 |

This article explains the reason {why} Japanese companies do not want {to hire} people who received their education in another country[in other counties/abroad].


## ⑪「対比」を利用する ➡ Lesson 81

「大事なのは〜」は What is important is 〜 や It is important to 〜 とします。「自分とは異なる価値観がある」→「自分とは異なる価値観を持っている人もいる」と考え、some people have values which[that] are different from your[our] own とすれば OK です（主語の変換／your は「総称」を表している）。もしくは「異なる人は異なる価値観を持っている（人によって価値観は様々だ）」と考え、different 複数名詞 have different 複数名詞の形を利用することも可能です（74ページ参照）。

そして、後半の「それを無下に否定する」⇔「冷静に受け入れる」は対比関係になっています。「無下に否定する」を英語にするのは難しいので、「冷静に受け入れる」の逆、つまり「（冷静に）考えることなく否定する」だと解釈します。すると、reject them without thinking about them 「それらについて考えることなく否定する」と表せるわけです。さらに reject「拒む・否定する」が思いつかなかった場合は、say they are wrong「間違っていると言う」と表すことも可能です。

※「無下に否定する」をそのまま英語にすると、dismiss 〜 out of hand や write 〜 off などですが、これらを知らなくても頭を使えば解答できますね。

| 解答例 |

What is important is[It is important] to know that some people have values which[that] are different from your[our] own, and to accept them calmly rather than just rejecting them[just saying they are wrong] without thinking about them.

（別解）What is important is[It is important] to know that different people have different values, and to accept them calmly instead of just rejecting them[just saying they are wrong] without thinking about them.

（参考：直訳バージョン）The important thing is to know that there are values other than our own, and to impartially accept[acknowledge] them without dismissing them out of hand.

## ⓬「つかみどころのない」を表す ➡ Lesson 82

「口数が少ない」→「彼女はあまり話さない」と考えて She does not talk[say] {very} much、「彼女は普段静かだ」と考えて She is usually silent[quiet] とします（「人」を主語にする発想）。

そして「つかみどころのない人だ」→「どんな人かわかりにくい」と考え、it is difficult[hard] to know what kind person she is とすれば OK です。もしくは「理解するのが難しい」と考え、she is difficult[hard] to understand と表すこともできます（difficult ／ hard は難易形容詞で、「理解する点において難しい」→「わかりにくい」）。

※ちなみに、辞書には「つかみどころのない」は vague ／ elusive などと載っていることがありますが、これらは「人」に対してはあまり言わないので不自然です。

| 解答例 |

She does not talk[say] {very} much, so it is difficult[hard] to know what kind of person she is.

（別解）She is usually silent[quiet], so she is difficult[hard] to understand.

## 例題一覧

| Lesson1 | |
| --- | --- |
| 私は毎日、朝食の前に英語を30分勉強している。<br>私の母は高校で数学を教えている。<br>お仕事は何ですか？ | p.12〜13 |

| Lesson2 | |
| --- | --- |
| 私はサッカー部に所属している。<br>多くの高校生はスマートフォンを持っている。<br>彼は今、昼食を食べているところだ。 | p.14〜15 |

| Lesson3 | |
| --- | --- |
| 私はこれまで沖縄に3回行ったことがある。<br>私たちが駅に着いたとき、すでに電車は出発していた。<br>私は来月で3年間北海道に住んでいることになる。 | p.16〜17 |

| Lesson4 | |
| --- | --- |
| 昔はよく、彼と放課後カラオケに行ったものだ。<br>かつては大学の近くにカフェがあった。<br>僕が電話に出るよ。 | p.18〜19 |

| Lesson5 | |
| --- | --- |
| 私は3年ぶりにスキューバダイビングをしに行った。<br>私は先月、久しぶりに帰省した。<br>その俳優がアクション映画で主演を務めたのは7年ぶりのことだ。 | p.20〜21 |

| Lesson6 | |
| --- | --- |
| 彼女が日本に来てから5年がたった。<br>第二次世界大戦が終わって70年以上になる。<br>彼が亡くなってから3年になる。 | p.22〜23 |

| Lesson7 | |
| --- | --- |
| 多くの人が気軽に月旅行に行く日がくるでしょう。<br>間もなく、紙の本よりも電子書籍を読む人のほうが多くなるだろう。 | p.24 |

| Lesson8 | |
| --- | --- |
| 私はコンサートが始まる10分前に会場に着いた。<br>家を出て5分後に、雨が降り始めた。 | p.25 |

| Lesson9 | |
| --- | --- |
| 彼は(何とか)新しい働き口を見つけることができた。<br>人生で少なくとも1回は富士山に登ったほうがいいよ。<br>雨が降ったので、その試合は中止せざるを得なかった。 | p.30〜31 |

| Lesson10 | |
| --- | --- |
| 私は財布を落としたかもしれない。<br>彼がそんなに難しい本を読んだはずがないよ。<br>私は歴史のテストのために、もっとしっかり勉強しておくべきだった。 | p.32〜33 |

| Lesson30 | |
|---|---|
| ティムは弟に優しくしようと努力している。<br>その会社は、顧客サービスの改善により力を入れるべきだ。<br>将来物価が上がることを心に留めておきなさい。 | p.80〜81 |
| **Lesson31** | |
| 新聞によれば、昨日、茨城県で地震があったようだ。<br>多くの研究によって、外国語を学ぶことは脳に良いことがわかっている。 | p.82 |
| **Lesson32** | |
| 畳は日本の家において重要な役割を果たしている。<br>教育は貧困を減らすうえで、主要な役割を果たしている。 | p.83 |
| **Lesson33** | |
| 私の学校の校長先生は話が長くなりがちだ。<br>富士山は今世紀に再び噴火する可能性が高いと言う科学者もいる。 | p.84 |
| **Lesson34** | |
| 若者はスマホを使うのに多くの時間を費やしている。<br>日本政府は教育にもっとお金を使うべきだ。 | p.85 |
| **Lesson35** | |
| 母親は、彼は漫画を読んで時間を無駄にしていると思っている。<br>私たちは、先週キャンプをして楽しい時間を過ごした。<br>最近、私はそのアニメにハマっている。 | p.86〜87 |
| **Lesson36** | |
| コンピューターが世界を劇的に変えたのは常識だ。<br>多くの大人はFacebookを使っているが、中学生となると話は別だ。<br>私は昨日、スーパーに買い物に行った。 | p.88〜89 |
| **Lesson37** | |
| LINEのIDを教えてくれる？<br>もしよろしければ、メールアドレスを教えていただけませんか。<br>ここに座ってもろしいですか？－いいですよ。 | p.96〜97 |
| **Lesson38** | |
| 今週末、ショッピングに行かない？<br>(日本に来た外国人に対して)日本はどうですか？(気に入っていますか？)<br>あなたがメールを送る前に(私がそれを)確認しようか？ | p.98〜99 |
| **Lesson39** | |
| 彼はその人柄によって、みんなから好かれている。<br>その新しい美術館はどんな外観(見た目)ですか？<br>あの新しいカフェについてどう思う？ | p.100〜101 |

| | |
|---|---|
| **Lesson76** | |
| それは明日が賞味期限だ。<br>日本では、10代のインターネット利用率は90%を超えている。<br>東京では、エスカレーターの左側に立つのが普通だ。 | p.198〜199 |
| **Lesson77** | |
| 今月末に英語のテストがあるので、一生懸命勉強しなければならない。<br>世界中で多くの言語が失われているという報告がある。<br>そのイベントは中止になる可能性がある。 | p.200〜201 |
| **Lesson78** | |
| 彼の指示には逆らわないようにしなさい。<br>一度も失敗したことがない人はいない。<br>当社の従業員以外は、この情報にアクセスできません。 | p.202〜203 |
| **Lesson79** | |
| SNS上では、そのドラマがよく話題にされている。<br>当時は、人工知能という言葉さえも世間に知られていなかった。<br>私は同僚（男性）から、仕事の不満を延々と聞かされた。 | p.204〜205 |
| **Lesson80** | |
| 大企業の場合、従業員を守る規則がたくさん存在する傾向にある。<br>あの店では、その新商品が扱われている。<br>アルバイトでもしようと思っているんだけど。 | p.206〜207 |
| **Lesson81** | |
| 日本では8月は夏だが、オーストラリアではその真逆だ。<br>天気予報では雨だったが、その予報は当たらなかった。<br>私は彼が試験に落ちるかもしれないと心配していたが、それは杞憂に終わった。 | p.208〜209 |
| **Lesson82** | |
| 昨日は歩きすぎて、足が棒になったよ。<br>彼に勉強するように言っても、暖簾に腕押しだった。<br>睡眠不足で、今日は頭に霧がかかったような感じがしている。 | p.210〜211 |

# おわりに

　この本では、とにかく「実際に入試によく出るものを扱う」「最短で入試を突破する」ことを念頭に置いて執筆しました。それは、大半の受験生が英作文対策に十分な時間が割けない、という実情を考慮した本が世間に少ないように思えたからです。

　僕自身（桑原）が受験生だった頃も、短期間で対策しなくてはならなかったものの、なかなか難しかった記憶があります。部活が終わった高校3年の7月から本格的に受験勉強を始めた僕は、短期間のうちに入試で合格点がとれるようになる教材を探したものです。周りにも分厚い参考書で挫折した人、最後まで終わらなかった人、なんとなく添削はしてもらったものの、入試本番までに十分な英作文力をつけられなかった人が多いように感じました。

　そういった受験生のために、無駄な項目をそぎ落とし、入試の得点に直結する本を目指したつもりです。一人でも多くの受験生が、本書を通じて志望校に合格することを願っています。

＊＊＊＊＊＊＊＊＊＊＊＊＊＊＊＊＊＊＊＊＊＊＊＊＊＊＊＊＊＊＊＊＊＊＊＊

　本書の解答例作成に関しては、著者2人に加えて、さらに弊社スタッフ2人の強烈な力を注ぎこみました。母語としての英語を極めて深く理解していることに加え、日本語能力試験1級に満点合格という日本語の力を活かした解答作成をする Karl Rosvold、また、18歳までアメリカで育ち、慶應大学から英語教材作成の道に進んだ渡辺萌香の2人の力で、本書は最高の仕上がりになったと自負しています。

　最後に、この本が世に出るきっかけを与えてくださった株式会社かんき出版の皆様に感謝します。特に、前澤美恵子様には、この本のコンセプト・校正・デザインなど細部にいたるまで、大変なご尽力をいただきました。本当にどうもありがとうございました。

　そして、膨大な数の問題集が溢れる中から、この本を手に取ってくれたみなさんに心から感謝します。本当にどうもありがとうございました。

桑原 雅弘

関 正生

## 著者紹介

### 関　正生（せき・まさお）

◉——英語講師・語学書作家。1975年7月3日生まれ。埼玉県立浦和高校、慶應義塾大学文学部（英米文学専攻）卒業。TOEICテスト990点満点取得。

◉——リクルート運営のオンライン予備校「スタディサプリ」で、毎年、全国の小中高生・大学受験生140万人以上に講義を、また、大学生・社会人にTOEICテスト対策の講義を行っている。授業以外に、九州大学・明治学院大学、企業での講演も多数。

◉——おもな著書は、『カラー改訂版　世界一わかりやすい英文法の授業』（KADOKAWA）、『サバイバル英文法』（NHK出版新書）、『東大英語の核心』（研究社）、『大学入学共通テスト　英語が1冊でしっかりわかる本』（かんき出版）など100冊以上。NHKラジオ講座『基礎英語3』や『CNN ENGLISH EXPRESS』でコラムを連載中。

### 桑原　雅弘（くわはら・まさひろ）

◉——1996年6月14日山口県生まれ。山口県立下関西高校、東京外国語大学国際社会学部（英語科）卒業。英検1級（英作文で満点）、TOEIC LRテスト990点満点、TOEIC SWテスト400点満点、英単語検定1級を取得済み。

◉——大学入学時より関正生が代表を務める有限会社ストリームライナーに所属し、2019年に参考書・語学書専属作家としての活動を開始する。著書（共著）に『完全理系専用 看護医療系のための英語』（技術評論社）、『大学入学共通テスト 突破演習【リスニング編】』（三省堂）、執筆協力に『東大英語の核心』（研究社）、『英単語Stock3000』『同4500』（文英堂）、『世界一わかりやすい 英検準1級に合格する過去問題集』（KADOKAWA）、『極めろ! リーディング解答力 TOEIC® L & R TEST PART 5&6』（スリーエーネットワーク）などがある。

大学入試 英作文が1冊でしっかり書ける本 和文英訳編
（だいがくにゅうし えいさくぶん か さつ ほん わぶんえいやくへん）

2021年2月8日　　第1刷発行

著　者——関　正生／桑原　雅弘
発行者——齊藤　龍男
発行所——株式会社かんき出版
　　　　　東京都千代田区麹町4-1-4 西脇ビル　〒102-0083
　　　　　電話　営業部：03(3262)8011代　編集部：03(3262)8012代
　　　　　FAX　03(3234)4421　　振替　00100-2-62304
　　　　　https://kanki-pub.co.jp/
印刷所——図書印刷株式会社

・カバーデザイン
　Isshiki
・本文デザイン
　二ノ宮　匡（ニクスインク）
・DTP
　畑山　栄美子（エムアンドケイ）
　茂呂田　剛（エムアンドケイ）
・校正
　オルタナプロ
・ナレーション
　Howard Colefield　Rachel Walzer
　片山公輔